글 쓰는 여자는 위험하다

글 쓰는 여자는 위험하다

ⓒ 민혜영·강남규·김태형·손진원, 2019

초판 1쇄   2019년 3월 29일

지은이   민혜영·강남규·김태형·손진원
기획   바꿈청년네트워크

출판책임	박성규	**펴낸이**	이정원
편집진행	이동하	**펴낸곳**	도서출판 들녘
디자인진행	김정호	**등록일자**	1987년 12월 12일
편집	박세중·이수연	**등록번호**	10-156
디자인	조미경·김원중	**주소**	경기도 파주시 회동길 198
마케팅	이광호	**전화**	031-955-7374 (대표)
경영지원	김은주·장경선		031-955-7381 (편집)
제작관리	구법모	**팩스**	031-955-7393
물류관리	엄철용	**이메일**	dulnyouk@dulnyouk.co.kr
		홈페이지	www.dulnyouk.co.kr

ISBN	979-11-5925-397-3 (04300)	**CIP**	2019009854
	979-11-5925-394-2(세트)		

이 도서의 국립중앙도서관 출판예정도서목록(CIP)은 서지정보유통지원시스템 홈페이지
(http://seoji.nl.go.kr)와 국가자료공동목록시스템(http://www.nl.go.kr/kolisnet)에서 이용하실 수 있습니다.

값은 뒤표지에 있습니다. 잘못된 책은 구입하신 곳에서 바꿔드립니다.

글 쓰는 여자는
위험하다

민혜영·강남규·김태형·손진원 지음

차례

여는 글 …7

광년의 계보학: 『82년생 김지영』의 아주 사적인 연대기_민혜영 …13

- 82년생 김지영, 누가 왜 그녀를 미치게 했는가?
- 1990년대 『무소의 뿔처럼 혼자서 가라』의 영신:
  자살이라는 이름의 타살
- 1940년대 강신재의 「얼굴」:
  이데올로기에 충실하게 복무하지만 결국엔 기만당하는
- 1920년대 백신애의 「광인일기」: 가부장제의 바깥은 없다
- 나는 네가 미친 이유를 알고 있다
- 왜 아직도 '미친 여자'들이 현실 곳곳에서 출몰하는가?
- 참고문헌

'여성 문인'의 탄생: 근대 미디어와 문학 장의 젠더 정치학_강남규 …59

- '남성 문단'과 '여성 문학'
- 글 쓰는 여성들의 탄생
- 근대 미디어의 성별정치와 남성적 의미화 경제
- 저널리즘과 여성 작가
- 여성 문인의 형성과 '여류 문사'
- 여성성에 대한 문단의 이중적 태도
- 여성, 근대에 뿌리를 내리다
- 참고문헌

낭만과 현실, 그사이 어딘가에서 이루어지는 여성의 선택_김태형 ···99

- 고전 속에 살아 있는 여성들
- 그 나라 그 시절 여성들
- 엘리자베스 이야기,『오만과 편견』
  엘리자베스, 여성이 처한 현실 | 기회인가 낚시인가
- 제인 이야기,『제인 에어』
  제인과 경제적 현실 | 흙수저 그 자체인 인생
- 수동성과 주체성: 개인의 자질 vs 환경과 조건
- 누가 이들을 벌할 수 있으리
- 참고문헌

로맨스, 전복의 가능성을 묻다_손진원 ···143

- 로맨스 독자는 사랑의 노예?
- '로맨스'는 단순한 '사랑 이야기'가 아니다
- 대한민국 로맨스 성장기
  해적판 '할리퀸 문고본'의 등장 | 한국 로맨스의 등장과 매체에
  따른 변화 | 장르의 젠더화 현상과 '로맨스=여성(향)'이라는 공식
- 로맨스, 욕망을 포용하다
- 참고문헌

여는 글

여성과 언어는 문명이 생겨난 이래 언제나 연결점을 가지지 못하고 동떨어진 존재였다. 남성 중심의 사회제도는 매 순간 여성의 목소리를 침묵시키려 해왔다. 여성과 언어는 본질적으로 불화하며, 따라서 여성은 말할 수 없거나 남성만큼 잘 말할 수 없는 존재로 여겨졌다. 물론 고전문학이 시대에 따라 분화함에 따라 『사씨남정기』『창선감의록』과 같이 여성의 사회진출을 그린 사소설이나 규방가사가 존재했다. 이는 공적 영역을 허락받지 못하고 규방에 갇힌 여성의 갈증을 풀어주기 위한 작품이었다. 여성이 느낀 태생적인 성별의 한계와 관련된 한풀이이기도 했고, 여성의 시선에서 바라본 조선 사회의 경직성에 대한 비판이기도 했다. 하지만 그럼에도 불구하고 여전히 여성과 문학 사이엔 근본적인 결절이 존재하는 것이 사실이었다.

남성과 여성 사이에 놓인 성별에 따른 사회적 신분의 간극은 근대에 와서도 해소되지 않았다. 여전히 남성과 여성은 근본적인 차이가 있는 존재로 묘사되었다. 여성이 남성의 사회·문화 영역에 침범하는 것은 곧 남성의 권위와 역할을 넘보는 것으로 간주되어 강한 부정의 대상이 되었다. 이 기부감은 곧 여성에 대한 무시와 조롱, 멸시 따위로 이어졌다. 이전의 조선 사회에서 백성들로 하여금 문자생활을 영위할 수 있도록 만들어진 훈민정음을 두고 사대부 남성들이 '암글'이라고 칭하던 것도 이러한 맥락에서였다. 사대부와 일반 민중의 이분법에서 기득권은 남성으로, 보다 열등한 계층은 여성으로 쉽게 환유되었다. 여성은 남성과 동등하게 문자를 나눌 수 있는 존재로 여겨지지 않았다.

남성들이 문학 영역에서 필사적으로 여성을 배제시키려고 했던 것은 문학이 권력과 깊은 관계를 맺고 있기 때문이었다. 현대의 문학이 대중의 일상 영역과 심각하게 괴리되어 있는 상황과 정반대로, 근대까지만 해도 '문학'하는 행위는 권위를 수반했으며 문학 주체인 작가들은 특권적 위상을 누렸다. 글이란 것은 읽힘으로써 다른 사람에게 내 사상을 전파하고 생각을 물들여 조종할 수 있는 가능성을 태생적으로 품고 있기도 하다. 때문에 사대부로 대표되는 기득권은 꾸준히 자신들의 글에 권위를 부여하고 다른 계층의 글에 차등을 두려고 해왔다. 반면 민중은 글쓰기를 통해 자신들이 겪은 계급적 불화를 언표화할 수 있는 최소한의 조건을 마련할 수 있었다.

이런 상황에서 여성의 글쓰기는 남성 중심의 사회 문화에 균열을 낼 수 있는 한 줄기 서광이나 마찬가지였다. 남성의 언어를 통해 수행되는 남성의 글쓰기가 보편의 위치를 차지하는 사회에서 '글 쓰는 여자'의 등장은 존재 자체만으로도 기존 사회체제의 강고하던 벽에 균열이 생기고 있음을 암시하는 일이었다. 또한 문학/글쓰기가 체계적인 근대 교육을 수반하지 않으면 불가능했던 시대 배경을 고려했을 때, 이는 곧 여성 지식인 계층의 등장을 뜻했다. 이 같은 사실은 글 쓰는 여성의 형상을 남성 중심의 기존 사회체제에서 이질적이고 두려운 존재로 보이게 만들었다. 그리고 이들의 활동은 문학 영역에만 국한되지 않았다.

여성들은 자신만의 글쓰기를 하기 위해서, 가부장적 이데올로기에 기초한 글쓰기의 관행과 전통 속에서 여성의 언어를 발견해야만 했다. 때문에 여성의 문학은 그 자체로서 가부장적 구조를 전복하려는 일련의 시도, 곧 규범으로부터 탈피하고자 한 시도였다. 동시에 가부장적 역사 안에서 침묵당한 여성의 삶을 복원하는 문제와도 결부되어 있다. 엘렌 식수 Hélène Cixous가 "여성은 여성 자신을 글로 써야 한다"*고 말한 것처럼, 여성의 글쓰기는 자신의 삶의 아픔을 언어화하는 저항의 글쓰기이자 억압받는 여성 타자에서 창조적이고 자유로운

* 엘렌 식수, 박혜영 옮김, 『메두사의 웃음/출구』, 동문선, 2004, 9쪽

여성 주체로 우화하는 문화적 실천이었다.

이 책은 그러한 목적에 천착하여 글 쓰는 여성이 작가로서의 정체성을 형성하는 과정을 내밀히 들여다보고자 기획되었다. 네 명의 저자가 다루는 주제가 시대적·지리적으로 다소 동떨어져 있으나, 모두 여성과 문학이라는 개념에 충실하여 서로 다른 시공간에서 두 항이 관계 지어지는 방식을 파악하고자 했다.

간략히 소개하자면 민혜영은 『82년생 김지영』의 급부상을 계기로 '광녀'의 계보학을 구상한다. 그간 한국 현대문학에서 꾸준히 등장해온 '미친 여자'의 형상을 추적함으로써 여성들이 마주해온 삶과 문학 내에서 여성인물의 활용 양상을 의미화하고자 한다. 강남규는 한국 근대의 여성문학이 미디어 매체를 통해 발전하고 남성 중심의 문단이 젠더 정치를 통해 여성 문인들을 억압해온 역사를 드러냈다. 그리고 김태형은 독자들에게 친숙한 『오만과 편견』과 『제인 에어』를 낯설게 읽음으로써 여성 서사가 낭만과 현실 사이에서 어디쯤에 정박하는지를 탐독한다. 마지막으로 손진원은 로맨스 소설을 주제로 하여 로맨스의 의미와 한국 땅에서 로맨스 소설의 역사, 그리고 로맨스 소설의 전복 가능성에 대해 도발적으로 질문한다.

순서가 이렇게 배치된 것은 '광녀'의 형상을 찾아 한국 현대문학의 발자취를 전체적으로 돌아보는 민혜영의 글과, 근대 초기의 여성 문인을 다루는 강남규 글의 주제를 차례로 배치함으로써 독자들이 받아들이는 내용의 연관성을 높이기 위해서였다. 그리고 김태형의 글에서 실제 텍스트로부터 여성 서사의 '낭만성'의 실체를 읽어내는 시선을 따라, 뒤이어 손진원의 글에서 여성과 로맨스 간의 관계에 물음을 던지는 것으로 마무리하는 기획이었다.

이 책이 나오기까지 많은 분들의 도움이 있었다. 먼저 한없이 부족한 내 요청에 흔쾌히 원고 작성에 동참해주신 김태형, 민혜영, 손진원 선생님께 감사드린다. 그리고 너무나 좋은 기회를 마련해주신 시민사회단체 '바꿈, 세상을 바꾸는 꿈'과 김연수 선생님께도 감사의 말씀을 전하고 싶다. 함께 작업하고 '바꿈'과 연결시켜준 이아름, 정경직 그리고 청년담론 단체의 사람들이 큰 힘이 되어주었다. 마지막으로 이런 작업이 처음이라 많이 서툴렀을 나를 친절히 도와주고 한없이 늦어지는 원고를 기다려주신 이동하 편집자님과 도서출판 들녘에 감사하며 글을 마친다.

저자를 대표해

강남규 씀

광년의 계보학:
『82년생 김지영』의
아주 사적인
연대기

_민혜영

82년생 김지영,
누가 왜 그녀를 미치게 했는가?

2017년에 이어 2019년 현재까지 한국 문학의 가장 큰 이슈는 조남주 작가의 『82년생 김지영』이다. 이 책은 축소되어가는 출판시장에서 100만 부라는 판매량을 올린 것과 동시에, '82년생 김지영'으로 대변되는 사회현상을 만들어냈다. 신문과 방송에서는 지금 여기의 82년생 김지영들의 삶을 분석하는 기획을 앞다투어 선보였고, 이제 곧 영화 제작을 앞두고 있다. 이 책의 리뷰에는 자신이 겪었던 김지영과 같은 증언이 끊이지 않는다. 이 책은 지금 사람들의 무엇을 건드린 것일까?

지금까지의 『82년생 김지영』을 둘러싼 문학적 연구가 이 소설의 '기법의 적합성'이나 '문학의 정치성'*, '정치적 올바름'** 과 같은 논의에 기반을 뒀다면***, 나는 이 글에서 82년생 김지영의 계보를 찾아가는 지극히 사적인 연대기를 시도해보고자 한다.

이 소설은 서른네 살의 82년생 김지영 씨가 갑자기 이상한

---

* 허윤, 「광장의 페미니즘과 한국문학의 정치성」, 『한국근대문학연구』, 2018
** 문형준, 「정치적 올바름과 살균된 문화」, 『비교문학』 73권. 한국비교문학회, 2017
*** 이외에 『릿터』 13호의 김은하, 백지은, 조연정, 박혜진의 글을 참고했다.

증세를 보이면서 시작한다. 시부모와 함께 있는 자리에서 엄마가 할 법한 말을 하거나, 남편의 옛 애인처럼 이야기해 남편을 놀라게 하기도 한다. 신들린 듯 본 적도 없는 옛 조상의 어투로 말하는가 하면 평소에는 쓰지도 않는 귀여운 이모티콘을 잔뜩 섞어 메시지를 보내고 말투와 식습관마저 달라졌다. 남편은 김지영 씨를 정신과로 데리고 가고, 정신과 담당 의사가 그녀의 이야기를 듣고 재구성한 방식으로 이야기는 진행된다.

김지영의 이상증세는 '광인'의 증세와 같다. 이 글은 '광기'라는 키워드로서 한국 문학 속의 광녀의 연대기를 풀어냄으로써 한국 근대 사회에서 '여성'이 된다는 것이 어떤 의미인지 되묻고자 한다. 미셸 푸코Michel Foucault는 그의 책 『광기의 역사』에서 광기가 다양한 사회문화적 실천들의 산물임을 드러낸다. 광기란, 생물학적 소산이 아니라 시대에 따라 달라지는 사회문화적 구성체이며, 이성에 의해 차별받고 배제되어 억압받고 감금당한 무엇이다. 푸코는 '광인'을 '개인의 심리적 질병'이나 '정신분석학적 문제'로 보거나 '지극히 개인적인 일탈적 성향과 행동'으로 바라보는 것이 아니라 그 개인의 심리적 방황과 일탈적 행동을 의학에서 병리화시키며 낙인찍는 과정 그 자체를 '사회문화적 구성물이자 그 결과'로 바라본다. '광기'를 통해 근대 이후 사람들이 의도적이든 비의도적이든 교묘하게 감추고 잊으려 하는 것을 들추어냄으로써, 현재의 정상적인 것 혹은 규범적인 것의 토대에 이의를 제기하는 것이다.*

이렇게 본다면 광인은 시대에 편입되지 못한 채 가려진 존재가 된다. 그리고 문학이 승자의 기록이 아닌 가려진 자, 잊혀진 자, 말할 수 없는 자들에 관한 이야기라면, 문학 속에서 나타나는 '광기'는 사회의 무의식을 비추는 거울이자 억압을 굴절시키는 방법으로서의 형상화는 아닐까? 현대 의학에서는 광인을 정신분열증과 편집증으로 나누는 세세한 구분이 존재하지만 여기서는 문학적으로 형상화된 광기, 즉 '미친 듯한 기미'를 드러내는 여성 작가의 여성 주인공들을 다루려고 한다.

이 미친 여자는 시대와 불화하는 주인공이자 작가의 내면을 형상화한 인물이면서 시대를 반영하는 하나의 주체로서 기능한다. 그렇다면 여성의 문학에서 '미친 여자'가 가지는 함의는 무엇일까? 그녀들은 왜 광인이 되었는가? 이것은 단지 문학적 소재일 뿐인가? 현실의 반영인가? 그것은 침묵하는 집단

---

* 미셸 푸코, 『광기의 역사』, 나남출판, 2003, 27~28쪽. 푸코는 모든 시대가 대체로 역사적 차이의 외면 속에서 광기에 대한 의식의 형태를 내포하고 있으며, 이것은 서양의 역사가 이성/비이성의 분리를 토대로 전개된 것이라는 점을 지적하며, 그러한 분리의 역사가 광기의 거부나 제한과 같은 조처를 만들게 되었다고 말한다.

의 경험을 다룬 결과인가, 침묵으로 저항성을 드러낸 산물인가? '미친 여자' 자체가 이 사회의 배제와 억압의 모순을 드러내는 것은 아닌가? 이런 의문을 가지고 『82년생 김지영』을 살펴보면 김지영뿐 아니라 근대 이후 우리나라 여성 작가의 문학에서 '광년'이 심심치 않게 등장했고 게다가 이들이 '미쳐 가는 과정'에서 어떤 공통점 또한 보인다는 것을 알 수 있다. 근대 이후 100년 동안 왜 문학 속에서 미친 여자들은 곳곳에서 계속적으로 출몰하고 있는가?

『82년생 김지영』 속 김지영의 계보를 찾아가는 과정은 지금 이 글을 쓰는 2019년부터 시작해 1930년대까지 거슬러 올라가며 약 100년의 한국 문학 속에서 여성 작가들에 의해 쓰인 '광년'의 연대기를 찾아가는 과정이다. 나는 그들이 '말할 수 없는 자'가 아니라 실은 비언어와 침묵으로 '말하고 있는 자'라고 생각한다. 푸코가 말하듯이, 광기가 "아무 말도 하지 않는 말이며, 역설적으로 무언가를 말하고 있"*는 것처럼 말이다. 그 침묵의 언어를 통해 그들이 말하지 않지만 말하고 있는 바를 듣고, 한국 사회에서 '여성'이 된다는 것이 어떤 것이었는지 유추하고, 그럼으로써 근대 이후 문학에서 드러나

---

* 오현숙, 「미셸 푸코와 광기론 연구」, 경희대학교 대학원, 2003

는 여성 형상화의 범주에 '광인'을 하나의 범주로 자리매김하고자 했다. 그들이 광인이 될 수밖에 없었던 이유와 그들이 끝내 말하지 못했던 이야기를 발굴하는 것은 곧 한국근현대사에 광년이 계속 출몰하는지 알아보는 과정이 될 것이다. 이는 문학을 문학으로만 끝내는 것이 아니라 문학에서 시작한 질문을 바탕으로 삶을 바라보는 과정이 될 수 있을 것이다. 문학과 삶이 연결되고 텍스트와 현실이 교차하면서 서로를 반사하는 형태로 해석하며 더 다채로운 이야기가 시작되기를 바라는 마음이다.

1990년대 『무소의 뿔처럼 혼자서 가라』의
영신: 자살이라는 이름의 타살

1990년대는 긴 군부독재의 억압과 광주항쟁, 시민혁명을 거쳐 절차적 민주주의를 제도화한 시대로, 한편으로는 승리의 환호가 울려 퍼지지만 다른 한편으로는 목적 없는 허무가 공존하던 시기이기도 했다. 또한 세계적인 수출국으로 발돋움하면서 본격적인 대량소비시대가 시작되면서 경제적으로 풍요롭고 낙관적 샴페인에 흠뻑 취하던 시기이기도 했다. 1970년부터 대학 진학이 보편화되면서 여성은 남성과 똑같은 고등교육을 받을 수 있었다. 남녀평등 인식도 달라지면서, "남자는 여자하기 나름이에요" "난 엄마처럼 살지 않을 거야"라는 말이 여성들 사이에서 유행하기도 했다.

1990년대의 소설을 이야기할 때 여성 작가들을 제외하고 이야기를 진행할 수 없을 것이다. 특히 공지영孔枝泳, 신경숙申京淑, 은희경殷熙耕 등의 여성 작가들은 자신만의 독특한 글쓰기로 그 시대를 사는 여성과 사회에 관한 문제를 다양하게 풀어나갔다. 그중에서도 공지영은 가장 적극적으로 여성 문제에 대해 논의한 작가로 그는 여성 문제를 개인적인 차원의 문제로 그리는 것에 그치지 않고 사회적인 문제로 끌어와 적극적

으로 작품에 드러냈다.[*]

그의 소설 『무소의 뿔처럼 혼자서 가라』는 당시 큰 인기를 얻으며 스타작가로서 공지영의 입지를 굳건하게 다지게 한 것은 물론, 이후 영화로도 만들어진 히트작이다. 책은 대학 방송반 동기로 친한 친구였지만 이제는 세월이 많이 흘러 너무 달라져버린 혜완과 경혜, 영선의 모습을 현재와 과거를 교차하면서 보여준다. 대학 졸업과 동시에 결혼하고 아이를 낳았지만, 불의의 사고로 아이를 잃고 이혼한 채 소설가의 삶을 사는 혜완, 아나운서 활동 중 의사와 결혼했으나 남편의 외도로 형식적인 부부생활을 유지하고 있는 경혜, 세간의 주목을 받는 영화감독의 아내이지만 알코올중독으로 자살 시도라는 극단적인 선택을 하는 영선. 작가는 이들을 통해 90년대 남자와 똑같이 교육받았지만, 결혼과 함께 다른 삶을 살아가기를 강요받는 여성들의 현실을 실감나게 그려 보인다.

내가 이 글에서 주목하고 싶은 사람은 세 명의 주인공 중 영선이다. 그녀는 한때 글도 잘 쓰고 공부도 잘하고 똑똑하다는 이야기를 들었던 여자다. 여성 문제에 대해서는 적극적으로 자신의 의견을 주장할 줄도 알고 사랑하는 남자와 함께

---

[*]   최정호, 「공지영 페미니즘 소설 연구」, 건국대학교 교육대학원, 2009

프랑스로 함께 유학을 가는 여자. 그곳에서 젊은 학생부부는 경제적 어려움을 겪는다. 여자는 남편의 영화감독 입봉을 위해 자신의 졸업 작품으로 하려고 써놓았던 시나리오를 주고, 남편의 학업을 위해 식모살이를 하며 그를 뒷바라지한다. 그리고 둘은 한국에 돌아와 남편은 영화감독으로 성공하고 영선은 아이들을 키우면서 전업주부의 삶을 살게 된다. 모두가 부러워하는 부와 명예, 성공을 가졌건만, '한때는 글도 잘 쓰고, 공부도 잘 하고, 괜찮은 여학생'이었던 그녀의 현실은 '그 남자의 학비' '그 남자의 밥상' '그 남자의 재떨이' '아이들의 젖' '아이들의 빨래' 그런 것들이 되어 있었다. 그녀는 가족을 위해 시간과 열정을 쓴 자신을 '목욕탕 앞의 발닦개'와 같았다고 표현한다. 그렇지만 그 순간에도 자신이 똑똑하고 현명하고, '나 자신을 지키는 여자'임을 확신했다고 고백한다.

자신을 지키는 여자가 되고 싶었던 그녀는 가계 사정이 어느 정도 안정을 찾자 조금씩 자기 일을 해보려 노력한다. 아이들이 잠든 밤이면 글을 써보려고도 하고, 공부하려 하기도 하고, 시간을 아껴서 시나리오를 생각하려고 한다. 그런데 시나리오를 쓰려고 책상 앞에 앉을 때면 영선의 머릿속에 떠오르는 생각은 이런 것들이다. 아파트 살 때 빌린 대부금 갚을 날, 시어머니 생신, 아이들의 가을 옷, 남편의 퇴근 시간…

이런 생각들에 빠져 한 줄의 글도 쓰지 못하는 날들이 이어지는 가운데 어느 순간 그녀는 글쓰기를 완벽하게 포기한다. 아이 키우고 살림하는 것에 우선 집중하자. 그런데 왜일까? 영선은 그때부터 술을 마시기 시작한다. 자꾸만 계속해서. 그녀는 왜 그렇게 술을 마셨을까?

남편은 그런 그녀를 갈수록 외면하고 경멸의 표정을 감추려 하지도 않는다. 남편의 관심을 바라면서 침대보를 새로 바꾸고 새 잠옷을 입고 그를 안는 날, 남편은 그녀에게 말한다. "밖에 나가봐. 가정 가지고도 일 잘하고 똑똑한 여자들이 얼마나 많은 줄 알아? 날 기다린답시고 멍청히 늘어져서 긴장 풀어진 눈으로 앉아 있는 게 제일 혐오스러워."* 그리고 영선은 미쳐간다. 이 소설의 첫 장면은 영선이 자기 몸에 칼을 그었다는 전화를 받고 세 친구가 모이는 것으로 시작해 영선의 자살로 마무리된다.

90년대는 "프로는 아름답다" "세계는 넓고 할 일은 많다"는 말이 유행하던, '나'라는 주체성에 대한 인식과 개인성에 대한 열망이 폭발하던 시기다. 『무소의 뿔처럼 혼자서 가라』에

* 공지영, 『무소의 뿔처럼 혼자서 가라』, 오픈하우스, 2010, 311~312쪽.

나오는 영선의 친구 혜완 또한 사고로 아이를 잃고 이혼을 하지만 어려운 가운데서도 소설가로 독립하게 된다. 반면, 영선은 남편의 무시와 외도 속에서 자아를 발견하기 위한 주체적인 노력을 하기보다 술에 의존하고 텅 빈 정신으로 살아간다. 이혼한 혜완이 어떻게 살아가나 지켜보며 그 모습이 초라해 보였다고 고백한다. 온 세상에 초라함을 들키는 대신, 아무도 모르게 남편에게만 멸시를 받는 편을 택했다며, 알코올중독에 우울증 환자가 되어 결국 자살로 생을 마감한다.

영선의 광기는 1963년 미국에서 출간되어 현대 여성운동의 봉화를 올렸다고 평가받는 베티 프리단Betty Friedan의 『여성성의 신화』를 떠올리게 한다. 이 책에서 베티 프리단은 사회가 어떻게 여성들을 인간이기 이전에 '여성'으로 만들고 '여성성'이라는 이름으로 억압하고 강제하는지 밝혀낸다. 프리랜서 기자이자 가정주부였던 그는 교외의 크고 멋진 저택에서 네댓 명의 아이를 기르고 남편을 내조하며, 세상 사람들의 인식대로라면 더할 나위 없이 행복해야 할 주부들이 왜 불행하다고 느끼는지 의문을 가진다. 자신의 대학 동창생들의 설문조사를 시작으로 고등학생과 대학생, 기혼 여성들을 인터뷰하고, 잡지와 광고, 심리학 저서들을 분석하면서 사회가 여성들을 어떻게 억압하고 있는지 밝혀낸다. 그것은 바로 '여성성'이다.

'여성성'이라는 이름으로 여성의 역할을 가정 내에만 국한시키고, 여성을 어머니나 주부 혹은 성적 욕망의 대상으로만 한정시키며 보는 것은 전형적인 남성 중심 사회의 시각을 드러낸다. 그 시절 모두가 되고 싶어 하는 전업주부가 된 중산층 여성들이 겪는 우울증과 불행과 같은 '이름 모를 병'이 바로 영선의 병과 같은 것이다. 그런데 자연적이고 몰역사적이고 본능적인 '여성의 자리'라고 생각되는 '전업주부'가 과연 '여성성'이라는 이름으로 대표될 수 있을까? 왜냐하면 '전업주부'는 그 시대에만 나올 수 있었던 독특한 시대적 산물이기 때문이다.

전업주부는 자본주의가 발달하고 산업사회가 성장하면서 나타났다. 산업화와 더불어 임금노동에 대한 수요가 증가함에 따라 점차 가사노동과 임금노동 간에 갈등이 발생했다. 산업이 고도화되면서 남성들의 일은 전문화되었고 집에서 멀리 떨어진 특정 장소에서 전일적으로 매달려야 했다. 반면, 여성들은 가사와 육아 때문에 가내 활동과 시장 지향적인 활동을 결합할 수 없었다. 남성의 임금이 가족임금경제로 측정되고, 여성은 가사와 육아에 전념하는 전업주부가 나타나게 된 것이다. 여성의 역할을 어머니와 아내로만 보는 것, 즉 전업주부로 여성의 역할을 한정하는 것은 노동계급 내에서 부르주아식 핵가족이 창출되는 과정에서 보여지는 생각으로, 모든 산업화되고 '문명화된' 국가에서 추적할 수 있다.* 가정주부는 단지 산업화 초기의 고도성장기에만 나타난 직업이었던 것이다.

우리나라의 경우 일제강점기와 전쟁으로 황폐해진 시기, 새마을운동으로 대변되는 새로운 근대화시기를 거치면서 여성은 전쟁에 동원된 남성 노동자를 대신해서 여성생계부양자의 역할을 해야 하거나 근대화를 일구는 핵심노동력이 되어야 했다. 시간이 지나면서 여성들은 좀 더 양질의 교육을 통해 이제껏 진출하지 않은 다른 산업 분야에서 좀 더 전문적인 일을 맡게 되는 시대가 오게 되었지만, 남성생계부양자모델을 기본 단위로 하는 노동시장의 룰은 크게 달라지지 않았다. 여성은 일터에서는 남자처럼 일해야 했고, 가정에서는 여전히 돌봄과 가사노동을 수행해야 했다. 그들은 회사 일과 가정일 모두에서 시달렸고, '착한 여자'이자 '능력 있는 여자'이면서 '좋은 엄마'이어야 한다는 압력에 시달렸다. 이것이 삶의 구체성

---

* 마리아 미즈 지음, 『가부장제와 자본주의』 갈무리, 2008, 243쪽.
마리아 미즈는 자본주의 사회에서 여성의 가정주부화는 자본이 감당해야 하는 비용들을 외부화한 것으로, 이는 여성 노동을 공짜로 이용하거나 자연적으로 주어진 것처럼 여겨지게 되었음을 의미한다고 말한다. 이렇게 외부화되고 자연화된 여성의 노동은 근대 과학과 자본주의, 가부장제에 의해 착취의 대상이 되어왔다고 말이다.

에서 어떻게 여성을 억압했는지 『무소의 뿔처럼 혼자서 가라』의 혜완의 이야기를 통해 다양하고 구체적으로 드러난다.

물론 워킹맘만 힘들었던 것은 아니다. 노동현장에서 임금 경제활동을 하지 않는 전업주부의 권리와 지위는 남편을 통해서만 매개되었다. 이전 시대 여성들의 삶이 모두 비슷한 형식으로 예측할 수 있게 흘러갔던 것과 다르게 자본주의 사회에서 (남자들처럼)'성공'한 여성들이 등장하기 시작했고 이를 권장하는 사회적 분위기가 팽배했다. 사회에 진출하지 못한 여성들은 한편으로는 전통적 시각으로 자신을 '팔자 핀' 여성으로 여겼고 한편으로는 임금노동을 하지 않는 자신을 무능력하고 하잘것없는 존재로 여겼다. 전업주부이건 전업주부가 아니건 이들은 자본주의 사회의 독립적이고 자립적인 '주체적 개인'이 되기 위한 교육을 받았지만, 현실은 가족 안에서의 가사와 돌봄 노동의 주체로만 소환되고 강제되고 그렇게밖에 살 수 없다는 인지부조화에 고통을 받았다. 이들에게 자본주의는 개인이 노력만 하면 모든 것을 이룰 수 있다고 선전했고 그것이 가능하다는 모범사례들이 주변에서 하나둘씩 나타나기 시작했다. 주체적 개인으로도, 인정받는 노동자로도 설 수 없었던 이들은 열등감과 소외감을 어떻게 처리해야 하는지도 몰랐다. 이 상황에서 영신의 자살을 단지 그녀의 '개인적인'

선택으로만 바라봐야 할까?

착한 여자이자 순종적이고 내향적인 모습으로 묘사되는 영선은 결국 남편의 모욕과 무시 속에 극단적인 방법을 택할 수밖에 없을 정도로 현실에서 내몰리게 된다. 그렇다면 그녀는 죽음으로써 고발하는 것은 아닐까? 아무리 노력해도 바뀌지 않는 가부장제 속에서의 여성과 근대적 주체인 양립불가능성에 대해 말이다. 그리고 그 속에서 결코 채워질 수 없는 이중 기준에 끊임없이 자신을 재단하며 사는 여성의 현실을 말이다. 그렇다면 그녀의 죽음은 정말 자살인가? 아니면 사회가 공모한 타살인가?

1940년대 강신재의 「얼굴」: 이데올로기에 충실하게 복무하지만 결국엔 기만당하는

강신재康信哉의 「얼굴」은 1949년에 발표된 단편소설이다. 강신재는 「얼굴」「정순이」를 통해 등단한 뒤, 1990년대에 이르기까지 단편소설 70여 편, 중·장편소설 30여 편 등을 발표하며 활발하게 활동한 작가이다. 강신재는 경기고여, 이화여전을 거치며 식민지의 엘리트 여성으로 성장한다. 그 과정에서 그가 받은 여성 교육은 젠더적 정체성, 즉 여성성을 형성하는 데 상당한 영향을 끼친다. 이 세대 여성들은 이전의 신여성들이 보인 근대성과 정치성이 삭제되면서 강신재는 자기 세대 여성들의 특징으로 '착실함'과 '온건한' 사고방식을 꼽고 있을 정도로* 극도로 보수화된다. 강력하게 훈육 받은 양처현모 이데올로기 속에서 자랐지만 "수틀이나 재봉감을 10분이나 15분 동안만 붙잡고 앉았다면 가슴이 문자 그대로 터져 나가려고" 하는 자의식은 그를 결혼 이후 문학 창작으로 직접적으로 나아가게 한다.** 우리가 볼 「얼굴」은 강신재의 등단작이다.

---

*   나보령, 「강신재 문학 연구」, 서울대학교 대학원, 2013, 22쪽.

**   나보령, 앞의 글, 2013

「얼굴」은 '나'가 주인공 '경옥 여사'를 전차 안에서 보는 것으로 시작한다. 경옥 여사는 여전히 험악한 표정을 하고 검정테 안경 너머로 바깥을 내다보고 있다. 그 옛날에 '애끓는 짝사랑'을 경옥 여사에게 바쳐 올렸던 나는, 그런 그를 그저 주의해 보기만 한다. 이 소설은 나와 경옥 여사의 다섯 번의 만남을 과거 순서대로 보여주면서 경옥 여사의 얼굴이 바뀌어가는 과정을 추적한다.

이십 년 전 나는 경옥 여사를 사랑해서 절절한 연애편지를 올렸지만 매몰차게 거부당했다. 최후로 그녀의 연애관이나 알고 싶다는 나에게 그녀는, 자신이 애인이자 지도자인 K씨의 '협력자이고 위안자'이고, 자신은 "이 쓰레기통 같은 세상에서 학과 같이 깨끗하고 백합같이 향기로워야 한다"고 말했다. 그러고는 자신들은 곧 결혼한다며 "그이가 돌아가시는 날 저도 이 세상에 머무르지 않겠습니다"라는 결연한 말로 나를 비관시켰다.

경옥 여사는 신혼집에서 화자를 우연히 마주친 것만으로 "나는 저기 앉았는 사람하고 자리를 같이할 수는 없다"라며, '가정의 신성을 생각해서' 눈도 마주치지 않으려 하는 인물이다. 그 뒤 십 년쯤 지나서 K씨의 장례식 날. 경옥 여사는 절망과 비통 속에서도 대단한 비감함과 자기만족과 우월감 같은 것이 뒤섞인 표정을 보인다. 그녀가 이 최후의 순간을 가장 훌륭히 끝마치려고 하는 결의를 보이는 바로 그때, 한 젊은 여자가 사람들을 헤치며 흙 위에 쓰러진다. 퍼머넌트의 단발을 한 그 여학생은 "저는 그이와 보통 사이가 아녜요. 그이가 날 두구 죽다니요" 하며 울부짖는다. 그 순간 화자는 보고 만다. "그 늙어가는 부인의 눈동자에 순간 설렌, 연민을 구하는 듯한, 절망한, 또 겁에 질린 듯하고도 수치로 일그러진 그런 표정이란 참말로 무엇이라고도 표현할 수 없는" 경옥 여사의 얼굴을. 나는 그 얼굴을 바라다볼 용기가 없어서 슬그머니 한편 옆 골짜기로 내려가고, 거기서 어지간히 힘껏 내던져진 것처럼 보이는 '비소' 유리병을 보게 된다. 경옥 여사는 "약속을 어긴 사람에게 이편만 충실할 수는 없다"*라고 말하며 지금에 이르기까지 고독과 칩거 속에서 변태적인 생활을 계속하고 있다.

강신재의 「얼굴」은 자신이 내면화한 여성상인 양처현모 이데올로기에 투철하게 복무하지만, 결국 거기에 기만당하고 마는 여성의 얼굴을 통해 가부장제의 모순을 폭로한다. "그이

---

* 강신재, 『강신재 소설 선집』, 현대문학, 2013, 27~28쪽.

가 돌아가시는 날 저도 이 세상에 머무르지 않겠습니다"라고 말하며 학과 같이 깨끗하고 백합같이 향기롭게 남편과 함께 순장함으로써 세상을 떠나겠다는 경옥 여사는 남편의 외도를 깨닫고 미친 여자처럼 세상과 단절하여 살아가게 된다. 이런 경옥 여사의 모습을 '비참하게 일그러진 얼굴'을 통해 구체적으로 형상화한다. 고고하게 살려고 했던 경옥 여사를 광기로 내몰게 한 결정적 이유는 표면상으로는 남편의 외도이다. 하지만 그것을 과연 남편의 외도 하나로 단순화시킬 수 있을까? 어쩌면 경옥 여사는 내면에 무언가를 억압한 채 꾹꾹 눌러두고 있다가 '남편의 배신'이라는 스위치가 눌러지는 순간 그 억압이 폭발해 광기로 표현된 것은 아닐까? 그 안에는 자기 자신이 결코 화해하지 못했던 강력한 양처현모 이데올로기가 있었을 것이다. 여성이 근대 이후 문화와 문명 속에서 주체화할 수 있는 유일한 방법은 가부장제에 마련된 여성의 역할을 통해서이다. 그리고 그 자리는 남성의 욕망이 대상이 되어야 함을 기본으로 한다.

그렇기에 「얼굴」의 경옥 여사는 당시 식민사회에서 강제하고 해방 이후 강력해진 젠더화된 규범 속에서 오직 남편만을 구심점으로 돌아가는 사회에서 충실하게 살아가는 여성들의 모습을 재현해 보여준다. 그렇지만 그녀의 광기가 투쟁의 언어나 자기주체성 세우기의 과정이라고 보기는 어렵다. 그녀는 자기 안의 분열을 인식한 이후에도 주체적·독립적 삶을 살기보다는 그 광기 안에서 소극적으로 살아가게 된다. 여기서 문학은 또 다른 현실을 상상하는 대안적 형식이 아닌, 현실을 비추는 거울로 작동한다. 내면화된 이데올로기에 헌신하고, 그것이 허울뿐이라는 것을 깨닫게 된 후에도 결코 주체적으로 살아갈 수 없는 강력한 규범 속에서 이들은 이후로도 인간혐오와 삶에 대한 깊은 의욕 상실 속에 광기의 세계로 침잠하는 것이다. 이렇듯 가부장제의 금기 속에서 광범위하게 나타나는 여성의 광기는 사회적으로 허용된 여성성과, 그러한 여성성의 이면에 가려진 그림자를 짐작케 한다. 그 그림자는 광기 그 자체로 이를 파괴하려는 욕망을 드러낸다.

리타 펠스키Rita Felski는 『근대성의 젠더』에서 19세기 말과 20세기 초 유럽, 특히 영국과 프랑스, 독일의 다양한 문학작품을 분석하면서 근대성과 여성성의 관계에 주목한다. 그는 이른바 '근대성'에 관한 담론에서 늘 배제되어왔던 '여성'을 논의의 한가운데로 끌어들여, 서구의 근대성이 "자율적 차이를 부정하는 동일성의 논리에 입각해 있다는 점에서 근본적으로 가부장적"이라고 말한다. "역사를 이끄는 집단적 주체는 남성"이 될 수밖에 없으며, "여성은 역사적 시사의 대상이자 타자로서만** 존재할 수 있다고 말이다. 그는 근대성이 여성성과 맺는 관계를 보여주며 문화적 텍스트가 여성성을 어떤 방식으로 받아들였으며 어떻게 재현했는지 밝혀낸다.**

근대 개념에 대단히 비판적이었던 페미니즘 역시 근대로부터 많은 영향을 받았다. 최초의 페미니스트라 불리는 올랭 드 구즈Olympe de Gouge가 프랑스혁명 때 죽은 것처럼, 여성해방을 위한 투쟁이 근대화 과정과 복잡하게 얽혀 있는 것 또한 사실이다. 여성의 관심사가 근대의 지배적인 개념과 결합될 수 있기에, 그것을 근대 개념의 바깥에 놓을 수만도 없다. 이런 근대성 속에서 사회는 사실상 여성을 배제하는 형태로 발달해왔다.

그렇다면 '광기'는 '가부장제'라는 역사가 '근대'와 만나는 순간, 버려지고 치워져 잊혀져가는 여성들이 발화하는 울부짖음 아니었을까? 대한민국의 근대는 사실상 '미친 여자'를 배제하고 가부장적 자본주의 형태를 지속하고 발달해온 것이라 볼 수 있지 않을까? 그들은 정의내릴 수 없는 배제된 존재이자 침묵(해야)하거나 비언어적인 표현으로밖에 발화할 수

* 리타 펠스키, 『근대성의 젠더』, 자음과 모음, 2010, 24~37쪽.
** 리타 펠스키가 다양한 텍스트를 통해 밝혀내는 근대 문학에서의 여성 재현의 형상들은 히스테릭한 여성, 기계 여성, 탐욕스러운 소비자, 창녀, 여성화된 유미주의자, 페미니스트, 성도착자 등이다.

없는 이들이지만, 침묵으로 말하고 광기를 통해 자신을 드러내 보이며, 그 존재 자체로 모순을 폭로한다.

1920년대 백신애의 「광인일기」: 가부장제의 바깥은 없다

이제 백신애가 활동하던 시대로 거슬러 올라가보자. 백신애白信愛는 부유한 상인 집안의 1남 1녀 외동딸로 태어나 사망하기까지 20년대와 30년대를 짧고 격렬하게 살다 갔다. 그의 작품 대부분은 "1930년대 한국문학에서 그 당시 시대에 가장 충실"*하다는 평을 받기도 한다. 백신애가 1938년에 발표한 「광인일기」는 비가 '경치게' 오는 날, 다리 밑에서 한 여자가 하느님을 향해 넋두리하는 장면으로 시작한다. 소리를 지르고 나불나불 지껄이다가 흑흑 우는가 하면 히스테릭하게 웃어젖히며 자신이 광인이 되기까지의 과정을 이야기한다.

「광인일기」의 주인공이 처음부터 '미쳐' 있던 것은 아니다. 그녀는 열일곱에 시집을 와서 그날 처음 보는 남편의 얼굴을 한번 흘끗 보고는 "아주 맘에 쏙 들며 가슴이 짜릿해지고 어떻게 새삼스럽게 부끄러운지 눈물이 핑 돌" 정도로 남편에게 반해버린다. "그이에게는 내 살을 베어 먹여도 아깝지 않을 것 같았"다고 이야기할 정도이다. 남편이 일본으로 공부를 가

*   백신애, 『백신애 선집』, 현대문학, 2009.

서 시누이와 시어미가 갖은 구박을 할 때도, 남편에 대한 사랑과 믿음으로 시집살이를 참아내고, 남편이 "무슨 주의자라나 그것 까닭에 몇 번이나 감옥을 드나들" 때에도 "몸이 약하여 밤낮 앓을 때"에도 고생을 참으며 세 아이를 낳고 키우며 살아간다. 그런데 전향하고 돌아온 남편은 이전의 남편이 아니다. 아들의 공부를 봐달라는 부인에게 "계집이 건방지게 사나이를 애새끼들 앞에서 꾸짖고 야단"이라며, "방문이 부서지게 내려 밀치고 나가버리는"가 하면, 밤늦게 제발 나다니지 말라는 말에는 "무식한 계집이라 아무 소용도 없"다며, "밥이나 처먹고 서방에만 밝아서" "금수와 다름이 없"다는 말까지 해댄다. 혹시나 또 무슨 주의로 순사한테 잡혀갈까 싶어 몰래 따라간 집의 댓돌에는 신발이 단 두 개뿐인데, 들리는 소리라고는 "목소리가 경치게도 이쁜" 여자에게 "그까짓 돼지 같은 여편네의 속에서 나온 자식새끼가 나와 무슨 상관이 있단 말이오, 사랑하는 당신과 나 사이에서 생겨난 자식이라야 참으로 내 사랑하는 자식이 되겠지"라는 남편의 목소리다. 또한 "아내란 것이 나를 이해하지 못하고 다만 나에게 맛있는 음식이나 먹여주고 옷이나 빨아주고 밤이 되면 야수 같은 본능만 아는 그런 여편네와 이십 년이란 세월을 살아왔구려. 아무 감격도 신선함도 이해도 없는 부부생활이었어요"*라는 남편의 말을 듣게 된다.

늦은 밤에야 집으로 돌아온 남편에게 부인은 시치미를 떼며 "이십 년이나 꼭 한 가지로 변화 없이 이러는 우리 사이건마는 그리 내가 사랑스러운가요?"라고 묻는다. 이에 남편은 "암, 나에게 너만치 충실한 사람이 없고 미더운 사람이 없으니까."라고 말한다. 다음 날 그 여자의 얼굴이 참을 수 없이 궁금해 그 집에 가서 댓돌 위에 벗어져 있는 남편의 신발을 들어 창문을 향해 던졌더니 그이 어깨 너머로 잘 아는 음악학교 여성의 얼굴이 나타난다. 그 후 부인은 어딘가로 끌려가고, "하도 갑갑하고, 그이에게 물어볼 말이 많아서 그만 그저께 밤에는 온갖 재주를 다 부려서 튀어나"와 여기 비 내리는 다리 아래에서 하느님에게 넋두리를 하는 것이다.**

「광인일기」의 작중 화자는 1930년대에 흔히 볼 수 있는 평범한 보통여성이다. 주부로서, 어머니로서, 아내로서 자신이 할 일을 얌전하게 해내고, 참을성 있게 고생을 견뎌내고, 시집의 냉대를 참아내며 남편을 극진하게 모시고, 아들딸을 열

* 백신애, 『백신애 선집』, 현대문학, 2009, 245쪽.
** 백신애, 앞의 책, 230~231쪽.

심히 교육시킨다. 남편은 일본에서 공부하다 돌아온 사회주의 지식인으로, 그가 무슨 '주의자'로서 감옥을 들락거릴 때는 부인의 헌신이 문제가 되지 않는다. 시집 식구를 모시고 아이를 키우고 남편의 옥살이 뒷바라지를 하며 부인의 가정 내 권한은 오히려 강화된다. 문제는 남편이 전향한 이후이다. 아이 교육을 나 몰라라하는 것은 물론, 부인을 "돼지 같은 여편네" "금수와 다름없는… 무식한 계집"이라는 말로 모욕하며 젊은 신여성과 사랑을 나눈다. 다른 여자와 사랑을 나누고 집에 돌아와서는 부인에게 "당신처럼 충실한 사람은 없고 미더운 사람은 없다"고 구슬린다. 그의 이런 위선은 그를 믿는 상대방을 광기와 고통 속으로 떠밀고 만다. 20년을 남편과 아이를 위해 살아왔으나 남편으로부터 인정받지 못하는 부인의 고통은 온통 '넋두리'와 '비논리적인 말의 나열'을 통해 표현된다. 항상 희생자로서의 위치에서 침묵할 수밖에 없었던 그녀가 자신의 침묵을 이야기하고자 할 때 듣는 대상은 존재를 알 수 없는 '하느님'이며, 그녀의 언어는 알아들을 수 없는 비오는 날 다리 밑에서의 '미친년 넋두리'가 된다.

푸코는 특정한 역사적 시기에 광기라는 대상이 어떻게 형성되었는가를 밝힌다. 그에 따르면, 르네상스 시대(고전주의 이전 시기)까지만 해도, 사람들은 광기를 "'신의 작업이 악마적으로 드러난 것"이라 보고 경외의 대상으로 여겼으며 심지어는 인간이 경험할 수 없는 어떤 신비적 요소를 지닌 것으로 이해하기도 했다. 광기는 사람들에게 "이해할 수 없는 어두움"이기도 했지만, 한편으로는 "지식의 담지자로서 인식과 계시의 수단"으로서 받아들여지기도 했다는 말이다. 광기의 이러한 특징은 고전주의 시대에 들어서 근본적으로 변형된다. 이성과 비이성을 구분하고, 이성에 의해 광기를 배제하고, 침묵하고 폐쇄된 세계에 가두어두는 '대감금'의 시대가 시작된 것이다. 나병환자들을 수용하던 시설에 '광인'이라는 이름의 무리를 채우기 시작하고, 광기는 "이성으로부터의 일탈"로 규정된다. 18세기 말과 19세기 초에 들어서면서 광기는 비행과 분리되고 감금장소는 보호시설로 바뀐다. 광기를 교정 가능한 도덕적 결함으로 보고 보호받기보다는 "법과 위반에 의해 끊임없이 위협받으면서 영구적인 불안"* 속에 놓이게 된다.

이러한 광기의 역사를 통해 푸코는 한 사회가 광기에 대한 경험을 구성하고 광기에 관한 언어를 전개시키는 방법을 추적함으로써, 이성의 시대에 타자로서 등장한 비이성이 어떻게 침묵하게 되었는가를 밝혀낸다. 즉, 광인은 역사 속에서 단절

* 미셸 푸코, 『광기의 역사』, 나남, 2003, 784쪽.

되고, 사회 속에서 배제되며, 언어를 잃어버림으로써 만들어진다. 광인의 단절된 언어는 침묵과 비언어(주절거림, 넋두리, 비이성적인 행동)로 나타나고, 이는 대부분 폭력적인 역사와 자유롭지 못한 사회로부터 기인하는 것이다.

여기서 다시 생각해보자. 그녀는 왜 다른 방법을 선택하지 않았을까? 미치는 것 말고 할 수 있는 다른 방법은 없었을까? 조주현은 "오히려 그녀가 원하는 것은 정상적인 방법으로 가능하지 않다면 미친 여자가 되어서라도 가부장제에 속하려는 것"[**]이라고 평가한다. 가부장제 사회 내에서 아내의 자리는 남편을 통해서만 위치 지어진다. 그렇기에 어쩌면 그녀의 광기는 가부장제 사회에서 당연한 결과일지도 모른다. 그 중심에는 신뢰를 깨뜨리건 거짓을 말하건 아무 거리낌 없는 남성과 그녀의 광기에 끄떡하지 않는 사회문화적 시스템이 있다. 백신애가 그리는 광년의 욕망은 가부장제에서 떳떳하게 인정을 받는 것이고, 절망은 *그곳*에서 내팽개쳐졌기 때문에 생기는 것이다. 그곳에 바깥은 없다.

[**]　조주현, 「광기를 통해 본 여성임의 의미」, 한국사회과학연구, 1992

나는 네가 미친 이유를 알고 있다

페미니즘 문학에서는 여성 작가들의 소설에서 드러나는 분노와 광기를 일찍부터 중요하게 보고 취급해왔다. 페미니즘 문학 비평은 1960년대 이후 '여성해방 운동'에서 시작되었는데 이들 중 케이트 밀렛Kate Millett은 『성 정치학』에서 특히 "문학이 개인의 의식과 무의식의 수준까지 뿌리 깊게 침투한 성 정치학을 보여주는 좋은 자료를 제공"한다고 보았다.* 그는 기존의 문학 작품에서 드러나는 여성의 이미지에 문제를 제기하면서 그것이 지니는 의미를 분명하게 지적하고자 했다. '성'이 정치적 함의를 담고 있는 지위의 범주이자, 권력으로 구조화된 관계와 배치를 지칭한다는 것을 선명하게 드러내 보이면서 말이다.

'19세기 여성 작가의 문학적 상상력'이라는 부제를 단 『다락방의 미친 여자』의 저자 산드라 길버트Sandra Gilbert와 수전 구바Susan Guba는 제인 오스틴Jane Austen, 샬롯 브론테Charlotte Bronte에서 에밀리 디킨슨Emily Dickinson, 버지니아 울프Virginia Woolf 그리고 실비아 플라스Sylvia Plath에 이르는 여성들의 작품을 읽으면서, "지리적 역사적, 심리적으로 서로 멀리 떨어져 있는 그들

---

* 케이트 밀렛, 『성 정치학』, 이후, 2009, 25~26쪽.

의 작품에서 일관된 주제와 이미지가 나타난다는 것"에 놀랐다고 적는다. 그것은 바로 "감금과 탈출의 이미지, 미친 분신이 온순한 자아의 반사회적인 대리인으로서 기능하였던 환상들, 얼어붙은 풍경과 불길에 싸인 실내에서 구현되는 불편한 육체의 은유들" 즉 미친 여자들이었다. 이어서 문학사에서 상대적으로 소외되었던 여성 작가들의 텍스트를 복기하고 그들에게 적합한 위치를 마련해줌으로써 여성 문학작품의 계보를 만들어갔다. 여기서 중요하게 여겨졌던 포인트 중의 하나가 여성의 광기이다. 그들은 이 미친 여자의 전통을 이해하기 위해 19세기의 여성 문학을 분석하기 시작한다.** 나는 여기에서 앞에서 이야기한 세 편의 이야기에서 그들이 미칠 수밖에 없는 이유에 대한 공통점을 꼽아보고자 한다. 그들은 처음부터 태생적으로 미친 여자가 아니다. 누구보다 열심히 잘 살아가다가 어떤 사건을 계기로 광기에 휩싸여 헤어나올 수 없게 되고, 감금당하거나 자살하거나 스스로를 유폐한다. 한국사 근대 100년을 통틀어 그들이 미쳐가는 이유에 대한 공통점을 찾아보자.

**　산드라 길버트·수전 구바, 『다락방의 미친 여자』, 이후, 2009, 15~17쪽. 그들에 의하면 여성 작가의 문학은 표면상 가부장제에 순응하는 것으로 보일지라도, 그 심층에는 저항의 면모를 드러내는데, 그것이 분노와 광기, 히스테리의 형태로 나타난다고 지적한다.

첫 번째는 내면화된 현모양처 이데올로기이다. 이들은 공통으로 유교 문화권에서 강력한 현모양처 이데올로기를 스스로에게 강제했다. 1930년대 소설인 「광인일기」의 주인공은 결혼 초반 시누이와 시어머니의 온갖 구박을 받는다. 시댁에서 쫓겨나 보따리 하나 들고 친정의 대문 안으로도 들어가지 못한 채 초조하게 서 있는 모습을 보여준다. 그녀는 남편의 사랑만으로 온갖 핍박을 견뎌내지만, 남편은 결국 신여성과 바람이 나서 부인을 비참하게 모욕한다. 남편은 한편으로는 부인에게 "가장 믿을 만한" 사람이라고 말하기도 하는데, 결국 남편은 그녀를 정신병원에 감금시킨다. 그곳에서 도망쳐나온 주인공은 비 오는 날 다리 아래에서 하느님에게 "남편이 자신에게 한 수수께끼" 때문에 이렇게 눈물짓고 있다고 고백한다. 「얼굴」의 경옥 여사는 남편이 죽으면 같이 순장할 정도까지 각오한다. 비소까지 챙겨 와 마지막을 준비하고 있던 그녀의 눈앞에 한 여학생이 나타나 남편의 관을 끌어안고 울부짖는다, "우리는 보통 사이가 아니"라고.* 이후 그녀는 외부와의 연결을 끊고 고양이에게 고기만 먹이고, 방망이를 들고 온 집을 뛰어다니는 등의 괴기스러운 행동을 하며 살게 된다. 『무소의

* 강신재, 『강신재 소설 선집』, 현대문학, 2013, 26쪽.

뿔처럼 혼자서 가라』의 영선도 마찬가지다. 남편과 같이 유학을 떠나지만 그녀는 글쓰기와 학업과 공부를 포기한다. 남편은 학업을 마치고 영화감독이 되지만 영선은 그저 '아줌마'가 되었을 뿐이다. 오직 남편의 성공만을 위해 노력한 그녀는 남편이 성공한 이후, 책을 읽거나 자신의 시간을 가져보라는 남편의 요구에 자신은 멍청이가 되었다고 화를 내며 억울해한다. 2017년의 김지영은 어떤가. 그녀는 겉으로는 현모양처 이데올로기가 없어진 것처럼 보이는 시대에 살고 있지만, 여전히 '육아는 엄마 몫'이라는 전통적 성역할의 강요와 사회적 강제 속에 살아가고 있다. 남성보다 낮은 임금과 사회안전망 부족, 노동 유연화와 모성이데올로기가 아직도 강고한 사회적 분위기는 여성들에게 여전히 육아와 직장 중 한 곳을 선택할 수밖에 없게끔 만든다.

1930년대에서 2019년대까지 여성 안에 내면화된 현모양처 이데올로기는 '착한 여자 콤플렉스'나 '슈퍼우먼 콤플렉스' 등 이름이 바뀌거나 성격이 달라지긴 했어도 없어지거나 사라지지 않은 채 여전히 여성들을 옭아매고 있다. 이것은 우연히 일어난 일이라기보다는 근대화 과정 자체의 필연적 결과로 보인다. 한국의 근대화는 식민과 전쟁 그리고 분단의 경험으로 인해 손상된 남성 주체를 공적 영역에 다시 세우고, 공적 영역에서 활동하던 여성을 사적 영역으로 재편입하는 식으로 진행되었기 때문이다.* 그 가운데 가부장제 자본주의는 남성의 공적 영역과 여성의 사적 영역을 엄격히 구별하고, 여성을 타자로 배제하면서 발전했다. 그 배제되고 비가시화된 존재들은 미친 여자가 됨으로써 비로소 자신을 드러내 보인다. 이들에게 보이는 욕망은, 욕망의 주체임을 자각하는 데 실패한 이들의 소리 없는 외침이거나, 중심부(가부장제)로 진입 혹은 확장하는 데 실패하고 주변부로 밀려난 여성들의 광기 어린 자기부정이다. 이들이 결국 원하는 것은 '가부장제 속에서 제대로 인정받기'라는 점에서 뼛속까지 가부장제 이데올로기에 충실히 복무한다.

두 번째는 이중적인 지식인 남편과 허울뿐인 일부일처제 시스템이다. 공교롭게도 세 편의 소설에 등장하는 남편들은 모두 지식인 남편이다. 「광인일기」의 남편은 "무슨 주의자"라서 몇 번이나 감옥에 드나들고, 「얼굴」의 경옥 여사는 남편 K를 가리켜 "우리가 살고 있는 세상을 아름답게 만들기 위한 고귀한 사명을 위하여 분투하는 이"라고 소개한다. 『무소의

---

* 손희정 「여귀 권하는 사회: 2002, 2003년 한국 공포영화의 모성재현」, 『영상예술연구』 4권, 영상예술학회, 2004

뿔처럼 혼자서 가라』의 영선의 남편은 유학까지 가서 영화를 공부하고 이후 시나리오 작가로 활동하다 영화감독으로 데뷔하여 평단과 관객들에게 모두 인정을 받는 영화감독으로 소개된다. 밖에서 보이는 그들의 모습은 그럴듯하지만, 이들이 자기 부인을 대하는 모습은 전혀 다르다. 그들은 부인을 하인 대하듯 천대하고 박해하며 속이고 억압한다. 게다가 그런 자신의 모습에 대해 조금의 변명조차 할 필요를 느끼지 못하기도 한다. 또한 세 소설 주인공의 광기가 발화되는 지점이 모두 남성의 외도였다는 것은 일부일처제가 실제로 여성에게만 강력한 규제로 작동할 뿐, 남성들에게는 자신의 욕망을 채울 다양한 방법이 있었음을 시사한다.

그렇다면 이들이 광기로 미쳐가는 이유가 결국 여성을 이용하고 억압하고 부려먹는 '남편/들'만의 잘못인가? 남편이 외도하지 않았다면 그녀들은 미친 여자가 되지 않았을 테니 괜찮은가? "남편만 잘 만나면 된다", "좋은 남자 만나면 된다"는 이러한 사고방식은 현대를 사는 우리한테도 흔히 볼 수 있다. 이는 젠더 문제에 관해 남성과 여성의 성별화된 젠더위계나 가부장제 시스템에 대해 말하기보다 '내 남편', '내 애인'이라는 지극히 사적인 이야기로 귀속시킨다. 즉, 모든 문제는 '그 남자' 개인의 문제이자, 괜찮은 남자를 고르지 못한 '나'의 문제가 되는 것이다. 그렇다면 괜찮은 남자를 만나면 모든 문제는 해결되는가?

이에 '82년생 김지영'은 아니라고 말한다. 작품 속 김지영의 남편은 외도하지도 않고 부인을 위하고 가족을 사랑하는 지극히 평범한 보통 인물이다. 그렇지만 김지영은 결국 미쳐간다. 왜 그럴까? 이 소설은 정신이 이상해진 김지영 씨가 정신과 의사와 상담한 이야기를 작성한 보고서 형식을 띠고 있다. 이때 김지영의 이야기를 듣는 정신과 의사는 그녀의 상황을 이해한다고 생각하고 나름 공감한다. 그의 아내 또한 대학 시절 자신보다 우수했고 욕심도 많았지만 결국은 일을 그만두고 전업주부로 사는 삶을 살아가고 있기 때문이다. 그는 수학 문제집을 풀어대는 아내를 보며, 아내가 그보다 더 재밌는 일을 했으면 좋겠다고, 필요에 의해서 하는 게 아니라 정말 잘하는 일이나 좋아하는 일을 했으면 좋겠다고 말한다. 하지만 그 자신은 같이 일하게 된 기혼여의사가 어렵게 아이를 얻어 병원을 그만두게 되자, "생각해보니……. 육아 문제가 해결되지 않은 여직원은 여러 가지로 곤란한 법이다"라고 생각하며 "후임은 미혼으로 알아봐야겠다"라고 결심한다.* 이 체제에서

---

* 조남주, 『82년생 김지영』, 민음사, 2016, 174~175쪽.

괜찮은 남자를 고르면 문제가 해결되는지와 같은 질문은 질문 자체가 틀린 것은 아닐까? 이 사회에서 이미 성별화된 존재로 길러진 남자와 여자의 배경에는 누적된 역사와 기억이 있다. 우리는 그녀들의 선택을 통해 좋은 남자 만나야 해, 라는 다짐을 하는 것이 아니라 성별역할규범을 전제로 만들어진 사회규범과 허울뿐인 일부일처제의 허상을 꿰뚫어봐야 하는 것 아닐까?

가부장제는 "가장이 가족 성원에 대하여 강력한 권한을 가지고 가족을 지배 통솔하는 가족 형태"**다. 여성은 시민권을 인정받았어도 가족을 통해 지배를 받으며 국가와는 어떤 형식적 관계도 맺지 못한다. 그리고 가족과 사회, 국가의 운영은 밀접하게 상호 연관되어 있다. 가부장제는 아버지에게 아내와 자식에 대한 전적인 소유권을 허용하고, 어머니와 아이의 지위를 가장에게 의존하도록 명령한다. 이러한 형태는 필연적으로 여성의 삶을 남성의 삶에 종속시키고, 여성의 재생산노동을 보이지 않게 만든다. 남성생계부양자는 가장으로서 안으로는 가족을 통솔하고 밖으로는 가족을 대표하는데, 우

** 네이버 두산백과

리나라는 유교 국가의 오랜 전통과 함께 근대 이후 국가 주도 자본주의의 강력한 시행으로 공고한 가부장성이 권장되었다. 서구 사회에서처럼 사회발전에 따라 일어나는 '주체성'에 대한 담론의 확산이 일어나기보다는 경제성장이라는 거대담론 속에서 개별 인권은 탄압되었다. 이러한 억압된 역사 속에서 특히나 '여성의 주체성'에 대한 사회인식의 변화는 더뎌졌다.

가부장제의 벽은 생각보다 더욱 견고하고 단단했다. 이제는 여성도 남자처럼 일할 수 있고 돈을 벌 수 있으니 사회로 나가라고 부채질하던 이들도 당연한 것처럼 육아와 가사노동에는 조금도 손을 내밀려고 하지 않았다. 이는 『무소의 뿔처럼 혼자서 가라』의 결말에서 드러나는 것처럼 혜완과 경혜의 좌절로 드러난다. 영선의 자살을 통해 경혜는 "나는 우리 연지한테 가르칠 거야. 시집가서 남편 뒷바라지나 하라고. 그게 여자가 바랄 수 있는 최상의 행복이라고. 더 이상은 꿈도 꾸지 말라고. 그도 아니면 처음부터 아무것도 줄 생각은 하지 말라고 할 거야……. 근데 혜완아 왜 이렇게 억울하다는 생각이 드니"*라고 말한다. 무엇이 억울하다는 것일까? 그 억울함의 근원은 근대의 주체적 인간으로 살아갈 줄 알았던 한 여성

---

*　공지영, 『무소의 뿔처럼 혼자서 가라』, 오픈하우스, 2010, 333쪽.

이 결혼과 동시에 편입되는 가부장제 아래에서 강제되는 여성 주체와의 양립 불가능성이다. 우리는 '똑똑한 여성'이 되도록 교육받았는데 결혼을 하고 보니 '착한 여성', '좋은 엄마'는 기본에, 옵션으로 '똑똑한 여성', '능력 있는 여성'까지 되어야 하는 것이다. 그 시스템에서 결국 그녀들은 알게 된다. 이 견고한 가부장제 사회에서 주체적으로 살아간다는 것이 얼마나 힘들고 어렵고 외로운지를. 얼마나 불가능한지를 말이다.

마지막으로 '가족'이라는 고립된 섬과 대안 공동체의 부족 또한 생각해볼 지점이다. 현대 가족은 점점 더 사유화되고 있다. 신자유주의가 고도화되면서 공동체가 파괴되고, 사회에 대한 무관심과 고립이 강화되었다. 또 다른 한편으로는 비정한 사회에서 받은 상처를 가족의 애정으로 해소하겠다는, 혹은 해소하라는 과도화된 가족 만능주의가 있다. 그리고 가족 만능주의의 뒷면에는 사회안전망의 부재와 부실화가 존재한다. 만약 네 소설의 주인공이 한 명이라도 마음을 터놓을 수 있는 친구가 있었다면 그들의 광기는 조금 유보되었을까? 「광인일기」의 주인공이 시집에서 쫓겨나고 친정에서도 쫓겨났어도 그녀를 받아줄 수 있는 사회안전망이 있었다면 그녀가 가부장제의 징식 시스템에 속하지 않을 위협만으로도 미쳐버리는 정도까지 오게 되었을까? 「얼굴」의 경옥 여사에게 다른 공동체나 대안적인 세상이 있었다면, 남편이 죽었을 때 순장하리라는 내면화된 이데올로기에 스스로 속는 일은 없지 않았을까? 『무소의 뿔처럼 혼자서 가라』의 영선에게 좋은 안내자가 있었다면 자살하기 전에 오히려 그 광기를 승화시켜 예술로 표현할 수 있었을까? 그런데 지금 82년생 김지영을 광기로 내모는 이는 바로 커피숍에서 만나는 동네 주민이다. 이들은 유모차를 끌고 와서 커피 마신다는 이유로 김지영을 '맘충'이라고 혐오한다. 이는 사회안전망이 사라지고 그 자리를 혐오와 배제가 차지한 지금의 현실을 고스란히 보여준다. 그렇다면 그들의 삶에 대안 공동체가 있었다면 그들은 미치지 않았을까? 물론 이는 알 수 없다. 확실한 건, 그들에게는 아무도 없었다는 것뿐이다. 그들은 사회 속에서 고립된 가정이라는 섬에서 자신들을 억압하는 이데올로기에 짓눌려 결국은 미치거나 고립되거나 자살할 수밖에 없었다.

여기서 다시 생각해본다. 근대 이후 '여성'이 된다는 것은 어떤 의미였을까? 문학에서 '여성과 광기'를 뗄 수 없는 이유는 무엇일까? 근대적 주체는 남녀 대항적인 인간상을 기본으로 만들어진 세계라기보다는 남성을 디폴트로 하고 남성이 아닌 모든 비남성들을 타자로 호명하면서 주체를 만들어온 세계이다. 그 비남성의 대표적인 이가 여성이다. 여성은 남성과의 관계에 따른 주어진 위치를 점할 때에만 비로소 '여성'이 될 수 있었다. 그런데 이들이 더 이상 누군가의 욕망의 대상이 되지 못할 때, 여성의 자리에 제대로 안착하지 못할 때, 혹은 '여성'을 넘어서 하나의 주체적 '인간'이기를 꿈꿀 때 이들은 사회와 불화하고 시스템 밖으로 튕겨져 나가게 된다. 여기에서 여성과 광기, 문학이 연결된다. 결국 주체되기에서 실패한 그들을 문학에서 소환해 형상화함으로써 드러내 보이는 것이 바로 '광년'인 것이다.

왜 아직도 '미친 여자'들이
현실 곳곳에서 출몰하는가?

이제 텍스트의 바깥에 있는 실제 삶을 보자. 100년 전, 신여성들은 근대문학의 문을 열어젖혔다. 바야흐로 '글 쓰는 여자'가 탄생했다. 근대문학 초기인 1910~1920년대에 김명순, 나혜석, 김일엽으로 대표되는 한국 여성 작가 1세대는 근대의 부르주아 개인 주체로서 가부장 사회의 억압에서 벗어나야 한다고 강조하는 신여성으로 살았다. 이들은 주로 여성의 인권이나 섹슈얼리티를 주장하고 나섰는데, 이는 유교 질서가 팽배한 식민지 사회에서 받아들이기 힘든 것이었다. 근대교육을 배웠다는 남성들조차 신여성들을 이중적 시각으로 바라보기 일쑤였다. 이들은 세간의 선망과 손가락질을 받았지만 동시에 오해되고 고립되었다. 이후 나혜석은 이혼당해 집에서 쫓거나 행려병자로 거리에서 죽고, 김일엽은 입산 비구니가 되며, 김명순을 떠돌이로 거리를 헤매게 된다.

그로부터 거의 100여 년 가까운 시간이 흘렀다. 지금 한국 사회는 얼마나 달라졌는가? 지금 대한민국에서는 젠더에 관한 다양한 시선이 존재한다. 한편에서는 위계화된 젠더차별이 존재한다는 사실조차 인정하지 않으며, 지금은 100년 전과 같은 남녀차별은 있지도 않은데 여성들이 역사 속에서나 나올 법한 이야기로 호들갑을 떨고 있다고 말하는 이들도 있다. 그들은 여성을 향해 툭하면 '역차별'이라고 목소리를 높인다. 그리고 한편에서는 젠더는 계급이고 이는 여전히 공고하게 사회를 지탱하고 움직이고 있다고 말하는 이들이 있다. 민주주의에서 여성은 제대로 된 시민권을 얻지 못했고, 자본주의에서의 여성 고용의 증가와 재생산의 재구조화는 젠더노동의 위계를 없애지 못했다는 것이다.

여기에 신자유주의는 자본주의와 자유민주주의 체제가 약속한 실제적인 '남성들을 위한 평등한 기회'마저 앗아가고 있다. 세계화와 구조조정 등으로 대변되는 신자유주의 시대는 효율 추구, 노동 유연화, 세대 간의 단절을 우리에게 안겨주었다. 그리고 이는 취업과 결혼으로 연결되어 '한 집안의 가장'이 되어야 '어른'이 된다는 남성의 자부심에 씻을 수 없는 열등감과 좌절을 안겨주었다. 이에 사람들은 제도적 오류를 직시하는 대신 불안과 공포를 해소할 수 있는 가장 쉬운 방법인 '혐오'를 택했다. 혐오의 대상은 가장 먼저 '만만한' 이들이 선택된다. 사회적 약자에다가 자신의 자원이 없기 때문에 혐오 받아도 반격할 수 없는 이들. 아무도 들어주지 않기에 결국 없는 것으로 치부되는 목소리들. 그렇게 단절된 목소리는 침묵과 비언어로서 폭력적인 역사와 자유롭지 않은 사회를 폭로한다. 여성의 문학에서 광년이 계속해서 출몰했고, 출몰할 수밖에 없는 이유다.

참고문헌

강신재, 『강신재 소설 선집』, 현대문학, 2013.

공지영, 『무소의 뿔처럼 혼자서 가라』, 푸른숲, 1998.

김미덕, 『페미니즘의 검은 오해들: 가부장제, 젠더, 그리고 공감의 역설』, 현실
　　　문화연구, 2016.

나보령, 「강신재 문학 연구」, 서울대학교대학원, 2013.

루이스 A. 틸리·조앤 W. 스콧, 장경선 외 옮김, 『여성 노동 가족』, 후마니타스,
　　　2008.

리타 펠스키, 심진경·김영찬 옮김, 『근대성의 젠더』, 자음과모음, 2010.

문형준, 「정치적 올바름과 살균된 문화」 『비교문학』 73권, 한국비교문학회,
　　　2017.

미셸 푸코, 이규현 옮김, 『광기의 역사』, 나남출판, 2003.

백신애, 『백신애 선집』, 현대문학, 2009.

베티 프리단, 김현우 옮김, 『여성성의 신화』, 갈라파고스, 2018.

산드라 길버트·수전 구바, 박오복 옮김, 『다락방의 미친 여자』, 이후, 2009.

손희정, 「여귀 권하는 사회: 2002, 2003년 한국 공포영화의 모성재현」 『영상예
　　　술연구』 4권, 영상예술학회, 2004.

오현숙, 「미셸 푸코와 광기론 연구」, 경희대학교대학원, 2003.

정의진, 「문학의 역사성, 특수성, 정치성」 『한국학연구회』, 2018.

조남주, 『82년생 김지영』, 민음사, 2016.

조주현, 「광기를 통해 본 여성임의 의미」 『한국사회과학연구』, 1992.

최정호, 「공지영 페미니즘 소설 연구」, 건국대학교 교육대학원, 2009.

케이트 밀렛, 김전유경 옮김, 『성 정치학』, 이후, 2009.

허윤, 「광장의 페미니즘과 한국문학의 정치성」 『한국근대문학연구회』, 2018.

『릿터』 13호, 민음사, 2018.

'여성 문인'의 탄생: 근대 미디어와 문학 장의 젠더 정치학

_강남규

'남성 문단'과 '여성 문학'

'페미니즘 리부트'* 이후 '여성 서사'를 요구하는 수용자들의 목소리는 꾸준히 높아지고 있다. 독자들의 젠더의식이 높아짐에 따라 한국 문학이라는 거대한 산이 얼마나 여성혐오로 얼룩져 있었는지가 드러나면서, 독자들은 더 이상 남성의 시선에서 쓰인 작품을 원하지 않는다. 이러한 경향은 몇 차례에 걸친 문단 내 미투, 그리고 일부 남성 작가들의 최소한의 의식마저 부재한 태도가 빚어낸 자연스러운 흐름이라고 할 수 있을 것이다. 실제로 이외수 작가는 SNS에 단풍을 '화냥년'으로 비유하는 시를 올리고도 무엇이 잘못되었는지 인식하지 못하는 태도를 보였으며, 강동수 작가는 『언더 더 씨』에서 세월호 희생자를 성적인 대상으로 전락시키는 묘사를 써 논란이 되었다.

이러한 상황에서 21세기의 문학 향유자들은 기존 한국 사회의 문단 권력에 대한 거부를 선언한다. 이는 남성 중심의 문단이 너무나도 썩어 있음에 대한 실망의 표현이자, 그 기득권에 속하는 것을 거부하고 그 권력에 저항하겠다는 의지의

---

* 손희정이 2015년을 전후로 한 우리 사회의 '페미니즘 붐'을 설명하기 위해 고안해낸 개념이다. 자세한 것은 『페미니즘 리부트』(손희정, 2017)를 참조.

표명으로 볼 수 있다. 등단하지 않은 작가들의 독립 프로젝트로 출간된 『일간 이슬아』*나 『서울 오면 연락해』**는 공통적으로 젊은 작가들이 문예지를 통하지 않고 텀블벅을 통해 출간하거나, 혹은 인터넷 신청자 개개인에게 매일매일 원고를 써서 보내주는 형식의 대안 미디어를 통해 자신의 작품을 세상에 선보이게 된 경우다.

사실 여성 서사와 미디어는 역사적으로도 관련이 깊다. 출판사의 광고나 서점의 매대에 가면 쉽게 볼 수 있는 '여성 소설', '페미니즘 문학'이라는 문구만 봐도 알 수 있듯이 오늘날 여성의 시선에서 쓰인 작품들은 남성 중심의 콘텐츠 시장에서 여성 서사에 목말라온 이용자들에게 매우 각광받는다. 하지만 근대가 시작되면서 성립된 초기의 '여성 문학'은 '문학 아닌 것'의 혐의를 받았고, 여성 문인들은 수많은 폄하와 멸시의 시선, 그리고 그들의 개별적 차이를 지우고 여성이라는 성별로 환원해버리는 폭력적인 정체성 구성 과정과 맞서 싸우며 자신들의 자리를 만들어나가야만 했다. 이 일련의 과정에는 근대 미디어 매체가 긴밀하게 연결되어 있었다.

---

* 송보배, "누구나 각자의 픽션으로 이야기를 완성한다", 책방라이브, 2018.12.24.
** 서하은, "꼭 '등단'을 해야 '정식 시인'이 되는 걸까?– 백인경 시인의 출간 기념 북 콘서트", 북줄뉴스, 2018.12.04.

이처럼 근대문학 장과 여성 문학의 성립을 살피기 위해서는 근대 미디어가 가장 번성했던 1920~30년대를 돌아보지 않으면 안 된다. 본고는 여성들의 글쓰기가 미디어 매체와 남성 중심의 문학 장(場)과 쟁투해온 역사적 과정을 되짚어보고자 한다. 이는 최근의 '여성 문학'에 대한 독자들의 관심***에 발맞추어, 우리가 호명하는 '여성 문학'이 역사적으로 어떤 범주화에 맞서 싸워왔으며 동시에 그 정치적 기획 안에서 어떤 가치를 추구했는지 역사적인 앎을 좇고자 함이다.

***　신귀영, "올해 상반기 출판 키워드 '여성' '마음 지키기' 'SNS'", 국제신문, 2018.06.07.

글 쓰는 여성들의 탄생

근대계몽기 조선이 가장 먼저 인식한 것은 그들에게 '근대적 국민국가'의 형상이 부재해 있다는 것이었다. 그들은 한 번도 존재한 적이 없었던 것을 잃을 위기에 처해 있었다. 피식민지인들은 국가가 부재한 자리를 '민족'에 대한 호명으로 채우고, 식민지의 처지에서 벗어나야 한다는 열정하에 근대에 대한 계몽의 열정을 불태우기 시작했다. 식민지 조선에서 근대라는 이름은 마치 마법과도 같았다. 조선인들에게 근대는 무조건 좋은 것, 보다 발전한 것, 미달태로서의 조선이 따라잡아야 할 것으로 비추어졌다. 근대 초기의 담론 공간에선 우리도 '근대적 발전'을 이루어야 한다는 목소리가 터져 나왔다. 지식인들은 끊임없이 계몽과 민족의 이름을 부르짖었는데, 이 목소리의 밑바탕에 깔려 있는 것은 바로 국가에 대한 부재의식이었다.

그리고 정치가 불가능한 식민지 조선에서 근대문학은 정치에 근접하는 특권적 지위를 부여받는다. 식민지 조선에서 서구적 근대를 보급할 창구를 고심하던 지식인들에게 문학은 곧 세계적 보편을 전파하고 계몽의 목소리를 낼 수 있는 매개로 인식되었다. 따라서 식민지 조선에서 문학의 권위는 매우 높아졌고, 동시에 문인의 지위는 단순한 예술가 이상이며 교육자이자 사상가로서 자리매김한다. 그리고 민족의 실력양성론과 선교의 목적, 소수 여성들의 근대적 각성이 결합되어 시행된 여성 교육을 통해 여성들의 지식수준이 향상되면서, 여성들 또한 문학을 통해 여전히 남아 있던 신분적 차별을 벗어던지는 것을 꿈꿀 수 있게 되었다. 여성들에게 문학은 여성해방의 구호들을 현실화할 수 있는 가장 강력한 매개로 다가왔다.*

하지만 여성 해방을 꿈꾸게 된 신여성들의 바람과는 달리, 조선의 공적 담론의 입장은 신여성의 자리를 가정으로 되돌리자는 것이었다. 식민지가 되기 전에도 조선의 지식인들은 잡지나 신문에서 여성 교육의 중요성에 대해 역설하고는 했다. 이러한 담론은 여성 인권이나 평등에 대한 문제의식에서 발생한 것이 아니다. 건강한 민족 형성의 필수적인 조건 중 하나가 '근대 교육을 받은 어머니'라는 주장에 의해서였다.** 이러한 시선은 이후 일본 식민지 정부가 들어서면서 그들이 원하는 이상적인 현모양처 상을 창조하기 위해 여성 교육을 강

---

* 김경연, 『근대 여성문학의 탄생과 미디어의 교통』, 소명출판, 2017.

** 김동노, 『근대와 식민의 서곡』, 창작과 비평사, 2009: 138-139쪽 ;전희진, 「식민지 초기 신여성의 공적영역으로의 초대와 그 실재」, 『사회와 역사』 제88집, 한국사회사학회, 2010에서 재인용

조합으로써 더욱 공고해진다. "제국을 위해 희생할 아이를 길러내는 어머니"를 원했던 일본과, "민족 해방을 위한 일꾼을 생산하는 어머니"라는 민족주의자들의 기대는 근본적으로 동일한 맥락을 띠고 있는 것이다.[*]

하지만 신교육을 받은 여성들은 가족 재생산 이데올로기를 받아들이는 수동적 역할을 넘어서, 적극적으로 담론을 생산하고 유통하는 생산자의 입장을 점유한다. 이는 1920년대부터 우후죽순으로 생겨났던 신문·잡지와 같은 근대 미디어 덕분이었는데, 매체 측에서 독자 수를 확보하고 그들이 생산한 담론을 자연스럽게 확대·재생산하고자 한 장치로서 '투서' 혹은 '투고' 제도를 적극적으로 활용한 것과 전적으로 맞닿아 있었다.

학교가 여성에게 글쓰기와 읽기를 학습시켰고, 여성에게 신문이나 잡지를 구독할 것을 요청하던 것도 여성 교육의 일환이었다. 그리고 신문이나 잡지에 여성들의 글을 싣는 '부인란' 혹은 여성의 글쓰기와 담론을 적극적으로 유통하던 여성 잡지 등은 여성교육 및 여권에 대한 담론 확산에 크게 기여했다. 미디어는 다층적인 여성들의 삶의 모습을 조명하고 때로는

[*]   전희진, 앞의 글, 247쪽.

여성 교육과 여성 인권에 대한 담론을, 때로는 그에 반박하는 여성들의 글을 실었다. 여성의 위치를 재조정하려는 이들의 기대와 갈등, 연대와 저항을 전적으로 사건화한 것이다. 이는 여성 독자들의 증대를 이루는 한편 미디어에 글을 쓰는 여성들을 출현시켰다. 여성들이 '투고'에 참여함으로써 담론에 능동적으로 개입하게 되고, 이는 어디까지나 계몽의 대상으로서 존재하던 여성들이 근대의 담론을 재생산하는 주체로 재구성되는 경험이었다.

근대 미디어의 성별정치와
남성적 의미화 경제

근대 교육을 통해 여성들은 미디어 매체에 글을 투고하고, 그렇지 않은 여성들은 다른 여성들의 글을 읽음으로써 공적 영역에 여성들의 삶을 드러낼 수 있었다. 글의 주제가 지나온 삶의 애환부터 여성 교육, 인권과 해방에 대한 내용까지 다양하다는 점을 주지했을 때, 여성의 글쓰기는 정치적인 행위로 받아들여졌다. 여성들은 미디어 매체를 통해 같은 처지의 여성들의 삶에 공감하고, 개인의 자아를 공적 영역에 투사할 수 있게 되었다. 더 나아가 여성의 자리를 가정으로 제한하고 가족재생산의 의무를 맡기려는 담론에 저항하여 남성 중심 사회의 성정치의 작용에 대한 여성 글쓰기의 반작용을 공적 담론으로 확산시켰다.

그러나 미디어 매체는 여성의 글쓰기를 확대·재생산하는 공적 담론의 장임과 동시에 근대의 성별이분법에 기반하여 조선 문단의 성별정치를 가장 내밀하게 실천하고자 했던 이중적인 면모를 가지고 있었다. 여성 미디어가 내놓은 '여성용' 읽을거리나 광고는 대부분 가정이나 민족과 관련되어 있는 것들이었다. 그리고 여성 미디어는 여성의 읽고 쓰기와 같은 근대화를 적극 장려하면서도 여성들의 역할이 가정을 지키고 민족 투쟁의 역량이 될 자식들을 교육시키는 데 있다는 메시지를 전달하고자 열심이었다. 미디어를 이용하는 여성들은 성차의 질서를 계속해서 주입시키려고 하는 젠더정치의 문법에 저항하는 한편, 여성 담론의 확대를 위해 이러한 미디어 장의 메커니즘을 최대한 이용해야만 하는 양가적인 입장에 처해 있었다.

주지하다시피, 조선에서 문학의 제도화는 전적으로 신문·잡지 등 미디어 매체를 거쳐 이루어졌다. 1920~30년대에 일제가 식민 통치전략을 문화정치로 수정하면서 신문·잡지 등 다수의 매체가 창간되었고, 문학은 매체를 통해 대중들이 접근하기가 쉬워졌다. 문단은 매체를 통해 시행하는 '독자 투고'나 '현상문예공모'와 같은 제도를 적극 유치하여 대중들의 근대적 글쓰기를 훈육시키고 문학에 대한 감각을 퍼뜨려나갔다. 대중들은 '독자 투고'나 '현상문예공모'와 같은 제도를 통해 매체와 문학에 관심을 보이고 읽는 주체에서 쓰는 주체로 문학 장에 입성할 수 있었다. 이는 문학의 유통과 재생산이라는 관점에서 매우 훌륭한 수단이었다.

여기까지는 규방에 있던 여성들을 공적 장으로 견인해온 여성 미디어와 공통된 역할이었다. 하지만 문제는 근대 미디어가 대중들에게 근대를 퍼뜨리고 공적 담론을 형성함으로써 균질적인 '근대인'을 생산하는 한편, 청년·여성·아동 등으로 근대적 주체를 분할하여 그 각각에 고유한 지식과 규범, 취향을 할당했다는 것에 있었다.* '구성적 외부'를 설정함으로써 보편을 정립하고 그 나머지는 모조리 배제하는 것이 근대성의 특질이다. 근대의 미디어는 실로 근대성의 메커니즘에 따라 수행되었다고 할 수 있다.

이와 같은 배제의 메커니즘은 근대 미디어와 긴밀하게 엮여 있던 문학 장에서도 그대로 드러나는데, 근대 문학은 그 내부의 범주화를 통해 각종 '차이'와 '위계'를 설정하는 모습을 보인다. 여성 문학 또한 그 과정에서 특수한 영역으로 범주화되어, 근대 문학 장은 각각의 개별적인 여성들의 문학을 '여류'라는 이름하에 성별화된 정체성의 범주로 묶어버린다. 뿐만 아니라 이 와중에 '여성 문학'은 타자의 위치에, 기존 남성들의 문학은 보편의 위치에 놓음으로써 이후 여성들의 문학을 평가함에 있어 성별적 특성을 평가 지표로 삼게 된다.

이러한 보편성에는, 여전히 부족했던 여성 문인들의 수 또한 관계되어 있었다. 여성 교육을 통해 근대적 글쓰기에 눈을

---

* 김경연, 앞의 책.

뜬 여성들이 꽤 있었지만, 사회 활동을 시작한 여성들은 어디까지나 양반과 같은 특정한 집단에 국한되었다. 여성의 교육 수준은 신-구여성, 신-구교육, 도시-농촌의 지역 격차, 계급 격차 등의 조건에 따라 위계화될 수밖에 없었다. 실제로 1930년대에도 한글과 일어를 읽고 쓰는 여성은 전체 여성의 1.9퍼센트, 한글 또는 일어를 읽고 쓸 수 있는 여성은 10.5퍼센트에 머물렀다.** 이 10.5퍼센트의 예외적 여성들이 여성에게 요구된 근대적 글쓰기의 교양을 수행하고, 여성 미디어에서 읽는 이로서의 주체와 쓰는 이로서의 주체가 되는 등 여성 서사가 열정적으로 추동될 수 있는 동인의 역할을 했음에도 불구하고, 문학 장에서 절대적 다수는 여전히 남성이었다.

근대의 남성성은 이미 보편성의 자리를 선취하고 있었다. 따라서 여성이 '진정한 문인'으로 평가받기 위해서는 '얼마나 남성적인 글을 써낼 수 있는가'를, 남성 작가들에 의해 평가받아야 했다. 흔히 여성 문인은 언제나 남성 문인에 비해 감성적이고 탄탄한 글쓰기를 해내지 못하며, 언제나 남성들에 비해 뒤떨어질 수밖에 없는 존재로 여겨졌다. 또한 남성 중심적인 기성 문단에서 후발주자이자 소수가 될 수밖에 없었던 여성

** 천정환, 『근대의 책 읽기』, 푸른역사, 2014, 339쪽.

작가들은 언제나 뒤늦게 문단 권력에 '끼어들고자' 하는 존재로 비추어졌다. 남성적인 것을 보편적인 것으로 여기며 그것을 자연화하는 문단 장 안에서 남성 문인들은 여성들의 다종다양한 서사를 '여성적 글쓰기'로 단일화하고 그 안에서 차별과 위계의 구분을 설정해 보편적 권위의 담지자가 되었다.

 '남성적인 것'과 '여성적인 것'의 범주와 이를 우열 관계에 놓인 것으로 보는 시선은 남성-이성, 여성-감성으로 여기는 근대적 성별이분법에 따른 것이었다. 이는 근대적 지배 논리인 서구와 비서구, 문명과 야만, 남성과 여성이라는 이분법에 기초한 사고체계였다. 근대에서는 끊임없는 사유와 개발을 향한 욕구야말로 발전의 원동력이라 여겼기 때문에, 남성적 특성으로 여겨지던 이성이 감성에 비해 우위에 놓였다. 때문에 문체나 작품 소재에서 감성적 글쓰기를 한다고 여겨졌던 여성 작가들은 수준 미달의 존재로 평가받았다.

저널리즘과 여성 작가

여성에 대한 교육이 여학생 수의 급격한 증가*를 불러일으켰지만, 여성들에게 사회 참여의 길이 극적으로 열린 것은 아니었다. 직업 참여가 증가한 여학생의 수를 따라잡지 못함에 따라, 오히려 여학생들의 직업 찾기는 점점 더 경쟁적으로 되어갔다. 1932년에서 1934년의 조선 여학교 졸업생 34퍼센트만이 직업을 찾거나 진학을 할 수 있었다. 동아일보가 1928년에 졸업생들에게 졸업 후의 진로를 질문한 통계조사에서 65퍼센트 이상의 학생들이 진학하거나 직업을 구할 것이라고 답한 것과는 명백히 대조되는 결과였다.** 졸업생들은 가정으로 돌아가거나, 직업을 가지는 두 가지 선택의 갈림길 앞에 섰다.

학교를 졸업하고 기자 일에 뛰어든 여성 기자들은 여성 독자라는 집단적 세력에 힘입어 저널리즘에서 여성적 공간을 확립해나갔다. 상업적 의도에서 발탁된 여기자라는 역할에도 불구하고 이들은 저널리즘이라는 근대적 매커니즘 속에서 자신을 기입하려 고투했다. 여성들은 근대 공간에 자신을 사회적

* 1920년에 700여 명이던 여학생의 수는 1942년에 12,000명을 넘어서서 식민지 시기 내내 여학생 수의 증가가 있었다고 한다.
** 전희진, 앞의 글, 250쪽.

존재로 기입하는 글쓰기를 통해 사회적 주체임을 자각하고, 작가라는 정체성을 형성시켜나갔다.[*]

근대 미디어에 자신의 글을 싣고 조선의 담론을 유통하는 주체로서의 위치를 꿈꾸던 여성들에게 다수의 신문과 잡지의 발간은 하나의 기회로 다가왔다. 여학교를 방문하거나 남성 지식인의 부인과 인터뷰를 하거나 여성의 삶의 모습을 전달하는 등 여성 기자의 필요성은 출판계에서도 인지하고 있었다. 그러나 1935년에 『개벽』지에 실린 여성 기자에 대한 회고담은 저널리즘 장에서 여기자를 어떻게 취급했는지 그 태도를 단적으로 드러낸다.[**]

남성 본위로 조직된 이 사회는 신문사도 역시 남성 본위로 되엿기 때문에 기자도 殆히 전부가 남자요 혹 여기자가 있다고 해도 그야말로 萬綠叢中 一點紅 격으로 한 社에서 花草記者로 한 사람 박게 더 두지 안코 또 여기자 자신도 환경관계로 1년 이상을 續勤한 사람이 별로 없으며 따라서 그 활동 성적도 이렇다할 사람이 또한 별로 없다. 그러나 이번 호

[*] 이상경, 「1930년대의 신여성과 여성 작가의 계보 연구」, 『여성문학연구』 12, 한국여성문화학회, 2004.
[**] 진희진, 앞의 글, 252쪽.

가 신문특집호이니 신문사에서 생색으로 여기자 채용하는 것같이 여기에도 생색으로 여기자 군상을 쓰기로 한다. 그러나 재료가 너무 빈약하니 생색이 날지 의문이다.

1935년 3월 『개벽』 신간 제4호에 실린 「여기자군상」이라는 위의 글은, 당시만 해도 여기자는 '화초기자'요, '생색기자'로 구색을 갖추기 위한 존재였음을 드러낸다. 그리고 '여기자 군상'을 쓰려고 해도 '재료가 빈약하여' 쓰기 힘들다고 이야기한다. 실제로 당시 여성 기자는 오직 13명에 불과했다고 한다. 글은 뒤이어 여기자들의 개인적인 신상과 경력, 심지어 가족관계와 남편의 경력, 가정생활, 길거리 목격담(?)까지 싣고 있다.

이 외에도 여성 기자들은 각종 여성인물 소식란이나 가십거리에 단골로 소환되어 사생활이나 용모, 성격 등 사적인 취향들까지 품평의 대상이 되어야 했다. 여성 기자에 대한 평가는 그들의 외모, 체력, 패션과 교우관계, 더 나아가 사적인 애정사까지 거슬러 올라간다. 여성 기자들은 부족한 기회와 실제 능력에 대한 정당치 못한 평가, 남성 중심의 관음적인 시선에 둘러싸여 고난을 겪었다.

사내에서도 여기자들은 장식용 화환과 같은 역할로 치부되었다. 특히 초창기 여기자들의 역할은 방문영업사원에 한정되거나 꾸준한 자질 시비에 시달렸으며, 이후에도 가정란이나 학예면에만 글을 실을 수 있었다. 이처럼 여기자라는 새로운 직종의 등장에도 불구하고 저널리즘 안에서는 성별에 따라 분리된 공간만이 허용되었다.

여성 문인의 형성과 '여류 문사'

여성 문인은 신교육을 받은 엘리트 여성 집단의 공적 글쓰기가 확대되면서 형성된 집단이었다. 이들은 미디어 매체의 발달과 발맞추어 형성되었고, 여성의 글쓰기가 주로 신문이나 잡지를 통해 독자들과 만났다는 점에서, 여성 기자는 곧 여성 문인으로 데뷔하기에 유리한 위치에 있었다.

이석훈李石薰이 쓴 공개장 「노천명 씨의 재기」에서 "여기자가 되는 것은 이미 문단에 올라서는 것을 의미"한다는 구절을 보자. 당시는 신문 잡지라는 근대적 매체를 통해 여성 담론이 생산·유통·소비되기 시작하던 시기였다. 1918년에 출간된 『여자계』를 시작으로 한 여성잡지와 신문 가정란을 중심으로 여성 담론의 목소리는 점점 커졌다. 근대 교육을 받은 여성들이 점차 증가함에 따라 문단에 나와 기자가 되고, 작가가 되었다. 교편을 잡거나 그렇지 못한 이들은 '신여성'과 '모던걸'이 아닌 현대여성으로서 신가정의 현모양처가 되어 그 잡지와 작품들을 읽었다. 여성 기자와 여성 독자의 수는 상호간에 시너지를 불러일으키는 것이었다. 근대 교육의 결과 여성 작가와 여성 독자의 수가 증가하면, 늘어난 여성 독자의 취향에 맞는 글을 쓸 수 있는 여성 기자·작가의 채용도 당연히

늘어날 터였다. 또한 그 여파로 여성 기자를 고용하여 일반가
정에 방문 홍보를 하여 잡지의 인지도와 수요를 높여나갈 수
도 있었다.[*]

저널리즘의 장에 속한 여성 기자와 여성 문인의 범주가 서
로 가까웠다는 사실은 1936년 삼천리의 주최로 열린 「여류
작가 좌담회」에서 사회자 김동환金東煥의 질문을 통해 짐작할
수 있다. "여류 문단의 진흥을 위하야, 신문잡지사와 이전[이
화여자전문학교]문과와 남성사회에 보내고 십흔 말슴"[**]을 각
자 해보시라는 것이었다. 이화여전을 언급한 것은 당시 식민
지 조선에서 최고의 여성교육기관이었던 이화여전이 많은 여
성 문인들을 길러내고 있었기 때문일 것이다. 그리고 이에 미
루어볼 때 신문잡지사, 즉 저널리즘의 장은 직간접적으로 문
단과 관계맺음이 있었음을 암시한다.

> 무릇 저널리스트와 문예가는 사촌격은 된다. (중략) 그러
> 나 나는 여류 문사의 한계에 대한 저널리즘의 편파한 태도
> 를 배격한다. 그들은 여류 문사의 한계를 오즉 저널리즘과

[*]　김연숙, 「저널리즘과 여성 작가의 탄생」, 『여성문학연구』 14, 2005, 95-96쪽.

[**]　박화성 외, 「여류 작가 좌담회」, 『삼천리』, 1936.2, 220쪽 ;김연숙, 앞의 글에서 재
인용

유기적 관계를 맺고 잇거나 또는 문인들과 정실관계를 가진 자에게만 국한하는 듯한 늣김이 잇슬뿐더러 언젠가 「삼천리」문사 좌담회에서도 논의 대상이 된 것은 전 기자씨의 멧멧 분이었다고 기억된다.[***]

"저널리즘과 유기적 관계를 맺고 있거나 또는 문인들과 정실관계를 가진 자에게만 여류 작가라는 호칭을 부여했다"는 안함광安含光의 진술은 저널리즘 종사자와 문단의 관계망을 꼬집음과 동시에 석연치 않은 구석 또한 드러낸다. 당시 '여류 작가'라는 명칭이 남성 작가와의 관계가 있어야만 부여받을 수 있는 것이었다는 언급이다. 여성이 문단에 등단하기 위해서는 남성 작가의 추천을 받거나, 적어도 남성 문인과의 사적인 관계가 있거나 최소한 교류가 있어야만 했다는 것이다. 심지어 제대로 된 작품 한 편을 실어본 적이 없더라도 남성 문인과의 관계가 있다는 이유로 '여류 작가'로 불릴 수 있었다는 언급도 있다.

이 지점에서 '여류'라는 호칭 자체를 되짚어볼 필요가 있다.

[***] 안함광, 「문예시평-두 가지 문제를 가지고」, 『비판』, 1933.1, 123-124쪽. :심진경, 「문단의 '여류'와 '여류 문단' – 식민지 시대 여성 작가의 형성과정」, 『상허학보』 13, 2004.8, 286쪽에서 재인용

1930년대 문단에서 '여성 작가'와 '여류 문사'는 전혀 다른 범주의 호칭이었다. 기성 남성 문인들에 의해 구분지어진 이 범주는 여성 문인이라는 집단을 문단 내부에서 구분지어, 어느 정도 이상의 성찰적 글쓰기를 할 줄 아는 '여성 작가'와, 한 사람의 문인이기보다 스캔들에나 소환되는 '여류 문사'로 계급을 나누었다. 따라서 남성 작가들로 이루어진 기성 문단에 인정받은 이들만이 '작가'라고 불릴 수 있었다. 여성 문인 중에서 작가의 칭호를 받은 것은 강경애姜敬愛와 박화성朴花城 정도였는데, 이들은 여성임에도 불구하고 조선의 문제적 현실을 진실되게 묘사해내고, '소녀적 멜랑콜리', 유한부인의 한담 수준의 글쓰기에서 벗어나 계급적 문제의식을 함축한 작품을 써낸다는 평가를 받았다. 이러한 평가 뒤에 공통적으로 "여성임에도 불구하고"란 말이 생략되어 있다고 느끼는 것은 기분 탓만은 아닐 것이다.

반대로 '여류 문사'는 '글 쓰는 여자'에 대한 차별적인 의미를 담은 멸칭에 가까웠다. 소녀 취향의 '소녀문학'이나 쓰는 미숙한 작가라는 뜻이었으며, 이는 곧 대부분의 여성이 쓰는 글의 한계가 그 정도라는 뜻도 함축하고 있었다. 여류 문사로 호칭되는 이들 중에서 유명한 문인들은 모윤숙毛允淑, 노천명盧天命, 장덕조張德祚, 이선희李善熙 등으로, 대부분 '여성적 글쓰기'를 한다는 평을 받던 이들이었다. 여류 문사에 대한 관심은 그들의 작품보다도 작가 본인에게 쏠렸다. 여류 문인들은 신문 기사나 잡지의 공개장과 좌담회에 등장하여 외모와 옷차림, 사생활(예를 들어 사적인 관계) 등의 가십거리로서 주로 소비되었다. 여류 문사를 대하는 문단과 저널리즘의 태도가 근본적으로 여성 기자나 '여학생'을 일종의 유흥물로서 소비하던 것에서 한 걸음도 나아지지 않은 것이다. 이는 '여류 문사'라는 칭호가 그들이 쓴 글과 문학에 대한 태도에서 비롯된 것이 아니라 가십과 스캔들의 대상으로서 주어진 것이며, 기성 남성 문인들에게 여류 작가가 온전한 한몫의 문인이 아닌 전통적인 문단에 안착할 수 없는 미달태·미성숙의 아마추어로 비치고 있었음이 명백해진다.

문단 내에서 여성 작가의 계급적 위치는 공개장과 좌담회를 통해 보다 자세히 엿볼 수 있다. 미디어는 여성 문인들을 '글 쓰는 주체로서의 여성'이 아니라 '남성들에 의해 보여지는 여성'으로 환원시킨다. 여성 문인들은 성별화gender-ed되면서 태생적 한계를 부여받고 독자들의 흥미를 끌기 위한 상품으로 취급된다. 저널리즘은 그 수가 적어 흥미의 대상이 되기 쉬운 여성 작가들을 남성 중심의 좌담회에 하나둘씩 끼워 넣거나, 여성 문인들만의 좌담회를 열거나, 공개장의 형식을 빌려 남성 작가가 여성 작가에 대해 말하기의 코너를 열었다. 여기에서 남성 작가들은 여성 작가의 작품들을 제대로 읽어 보지도 않은 채 사진으로 본 작가의 인상만을 가지고 이야기 하거나 최근 있었던 일과 같은 신변잡기적 이야기만을 늘어 놓는다.

몇몇 남성 작가들은 여성 문인들에 대한 미디어의 상품화 전략에 대해 부정적인 반응을 표한다. 채만식蔡萬植이 장덕조에게 쓴 공개장*이나, 민병철이 쓴 안함광에 대한 반박을 담은 공개장에서 이와 같은 태도를 확인할 수 있다. 민병철은 저널리즘의 상업성에 우려를 표하는 안함광의 의견에 공감하는 모습을 보인다. 그러나 남성 문인들의 걱정은 여류 문사들이 비록 가십과 스캔들의 대상일지라도 미디어에 자주 오르내리게 됨에 따라, 자격을 얻지 못한 이들이 문단의 권위를 어지럽히는 데에서 오는 것이었다. 작품이 아니라 신변잡기적 근황만으로 소비되는 여성 문인들의 작품을 재독하고 그들의 역량을 정당하게 평가해야 한다는 당위성에서 나온 발언과

---

* "공개장을 쓸 만한 결연은 가지고 있지 않다", "생각건대 여류 작가들 중에서 재기 있는 작가의 하나인 점, 거기에 남자작가-중에서도 입이 험한 한사람을 내세워 편의상 공개장이라는 명목으로 무어나 씨울 것 같으면 흥미 있는 토픽이 될지도 모르겠다는 저널리즘의 일종의 악취미에서 나온 것" 채만식 외, 「여류 작가에 대한 공개장」, 『조광』, 1939.3 ; 김양선, 「여성 작가를 둘러싼 공적 담론의 두 양식 : 공개장과 좌담회를 중심으로」, 『민족문학사연구』 26권 26호, 2004에서 재인용

는 거리가 있었다. 저널리즘의 윤리적 측면이나, 여성성이 상품화되고 사생활조차 스캔들과 가십거리로 소비되는 여성의 인권에 대해 지적하는 내용은 더더욱 아니었다.

허영을 조장시켜 발매부수를 증가시키려고 어여분 여성들을 커트로 넣기도 하고, 일화에 끄집어도 내며, 일개 신문사나 잡지사에 고용되어 있는 여성들이 시편이나 잡문 하나를 발표한다면 그를 곳 여류 문인으로 등단시키며 그들 군의 말대로 놉히 성좌에까지 올려놓는 것도 사실. 조선에도 송계월, 최정희, 최의순, 박화성, 김원주, 김원수 등의 일유의 여류 문사가 제작되엿고, 그들로 하야금 문단의 혜성이나 갓치 횡행하게 만드는 것, 동지 이갑기군과 말성이 되든, 이경원갓흔 분은 남편덕에 일약 여류 문사까지 될 뻔하였다.[**]

위의 글에서 여류 문사가 '제작'되었다는 구절은 일견 공감할 만한 부분이다. 당시 저널리즘은 당시 그 수가 적었던 여성 작가의 희귀성을 상품으로 삼아 독자층의 스캔들에 대한 욕망에 불을 지피고 있었다. 때문에 여류 문사로 호명받기 위해

[**] 민병철, 「여류 문사에 대하야-동지 안함광군에게 보내는 일편 서신」, 『비판』, 1933.3 ;김양선, 앞의 글에서 재인용

가장 큰 조건이 기성 남성 작가와 일정 이상의 연결점이 존재하는가의 유무로 설정되었던 것이다. 하지만 민병철의 글은 여기에서 더 나아가 여성 문학의 독자성을 부정·비판하고 있다. 그는 카프계열 문학가들이 그렇듯이 문학은 성차적 입장보다는 계급적 입장이 우선되어야 한다는 관점을 보인다. 그리고 여성 작가들의 글쓰기를 반계급적이고 부르주아적인 것으로 격하시키고 여성 작가의 존재 자체를 부정하고 있다는 점에서 그의 말은 문제적이다.

여성성에 대한 문단의 이중적 태도

이처럼 좌담회와 공개장을 따라가다 보면 여성 작가가 어떤 식으로 문단 권력에서 주변화되었는지를 생생히 알 수 있다. 남성 문인들은 지속적으로 여성 문인들을 평가절하하면서 '여류 문사'처럼 미디어의 상업성을 노리고 구성된 존재라는 편견을 가지고 대했다. 남성 작가들의 태도에서 여성 작가들의 작품을 존중하려는 태도는 찾아보기 힘들었다. 상대의 작품을 읽어보지도 않은 채 인상 비평을 하는 경우조차 흔했고, 상대의 성별 차이에 근거하여 성별화된 특성을 드러낸 작품을 쓸 것을 노골적으로 주문하기도 했다. 반대로 작품에 드러난 개인적 글쓰기의 특질마저 모두 성별적 범주로 환원시켜버리고는 '여성적 요소'를 빼라는 요구를 하기도 했다.

여성성-여성적 특질에 대한 남성 문인들의 이중적인 태도에 박화성과 강경애는 많은 곤욕을 치렀던 것으로 보인다. 박화성과 강경애는 "여성으로서는 드물게" 조선 현실에 대한 진실한 태도가 보이고 감성적이지 않은 남성적인 글쓰기를 한 작가로서 평가받았다. 카프 계열의 계급적 입장을 견지한 비평가들은 박화성과 강경애를 '여류 문사'과 구분되는 '여성 작가'로 인정하면서 그 이유로 '여성적 글쓰기를 하시 않았기 때문', 그리고 성별 문제보다도 계급 문제에 중점을 둔 점을 제시한다. 이 같은 평가에서 그동안 남성 문인들이 '여류 문사'로 칭해지던 여성 문인들의 작품에 어떠한 불만을 품고 있었는지 알 수 있다.

하지만 정반대로, 김문집金文輯은 박화성의 글쓰기가 "성적 특수성을 무시하고 작가로서 남성에게 대항"하고 있다며 "남성으로선 취급지 못할 면을 남성으로선 향유치 못한 '센스'로서 표현한 여성적 작품"을 지향해야 한다고 주장한다.* 이는 작가의 성별만을 평가의 준거로 삼으며 여성은 글쓰기에 성별적 특질이 반영되어야 한다고 생각하는 차별적인 생각이다. 그동안 '여성적 글쓰기'에 대한 평가는 있었어도 '남성적 글쓰기'를 하지 않는다는 이유로 비난 받은 남성은 없었다는 것을 떠올려보면 쉽다. 김문집과 같은 비판을 하는 이들은 여성의 성별화된 특성과 작품을 동일시하며 성차에 기반한 환원론적 오류를 범하고 있는 것이다. 이와 같은 비평에 대한 응답으로 박화성은 〈여류 작가좌담회〉에서 "여류 문인은 여자다운 작품을 써라. 여자로만 쓸 수 있는 작품을 써라. 이따위 소리를 말아주셨으면 합니다. 글을 쓰는데 그다지 엄격하게

* 김문집, 「여류 작가의 성적귀환론-화성을 논평하면서」, 『비평문학』, 청색지사, 1938 ;김양선, 앞의 글에서 재인용

성별을 해서 말할 게 무엇입니까" 하고 일갈한다.**

또한 남성 중심의 문단에서 여성 작가들은 정당한 작가로서의 대우조차 받지 못하고 있는 실정이었다. 여성 작가들에게는 자질 시비나 표절 시비와 같은 작가로서의 존재 증명을 요구하는 사건들이 일상적으로 있어왔다. 식민지 시기 최고의 여성 작가로 평가받던 박화성이 『신가정』에 "여성 작가의 것은 괴벽이 있어 읽지 않는다" "여성은 작가로 치지 않는다" "여류 작가가 어디 참으로 있기나 하느냐?" 등 남성 문인들의 발언을 규탄하는 글***을 실은 것은 여성 작가들에게 향해지던 '여류'라는 수사가 그 자체로 혐의가 되는 순간을 보여준다.

식민지 시기 여성 작가들은 지속적인 표절이나 대필 의혹과도 맞서 싸워야만 했다. 박화성의 말처럼 "번번히 남성 작가들보다 더 좋은 글을 써내는" 여성 작가들조차 근거 없는 표절이나 대필 시비론을 피해갈 수 없었다. 이는 최초로 여성 문인으로 등단한 김명순의 「의심의 소녀」가 별다른 증거 없이도 일본 소설의 표절이라는 의혹에 시달린 것이나, 이광수의

** 그러나 이와 같은 박화성의 생각은 같은 자리에서 노천명의 의견과는 대비된다. "우리들은 남자가 그릴 수 있는 것 말고 여자만이 그릴 수 있는 경지를 개척했으면 좋겠다." 이는 여성 작가들 간에도 여성적 글쓰기라는 주제에 대해 의견 차이가 존재했음을 보여준다.

*** 박화성, 「여류 작가가 되기까지의 고심담」, 『신가정』, 1935.12, 31·36쪽 ;김경연, 앞의 책에서 재인용

아내이자 『동아일보』에서 기자생활을 한 허영숙이 자신이 문사 남편을 두었기 때문에 자신이 낸 모든 작품에 대필 논란이 따라붙을 것이라고 자조한 글에서도 단적으로 드러난다.*

하지만 여성 문인들이 가장 참기 힘들어했던것은 무엇보다도 그들을 남성 작가와 동등한 한 사람의 문인으로서 취급하지 않는다는 사실이었다. 김문집이 박화성에게 보낸 또 다른 공개장**에서는 제목을 '연서'라고 붙임으로써 박화성을 한 사람의 작가로서가 아니라 여성으로 대상화하는 모습을 보였으며, 글의 공론적 성격을 사적인 것으로 치환하여 여성 작가를 희롱하는 태도를 보이고 있다. 이와 같은 태도는 남존여비 사상이 완벽히 사라지지 않은 시대적 분위기를 감안했을 때 더욱 문제적이다.

공개장과 좌담회에서의 남성 작가들의 발언들, 그리고 여성 작가들이 문단에 대해 반발하는 지점들을 통해 그동안 남성 중심의 문단이 여성 문인들을 배제하고 구별 지음으로써 남성 작가들의 권위를 돈독하게 해왔음을 알 수 있다. 여성 문인이라는 새로운 주체의 형상이 등장하면서 남성 엘리트들은

---

* 김경연, 앞의 책, 20쪽.

** 김문집, 「김문집, 여류 작가에 대한 공개장-박화성님께 드리는 연서」, 『조광』, 1939.3 ;김양선, 앞의 글에서 재인용

문단 안팎으로 여성들에게 그 권력을 빼앗길 것을 두려워했다. 이는 여성들의 작품에 내재된 성-계급-민족 간의 복잡한 갈등은 무시한 채 한쪽에서는 성차를 무화하려 하고, 다른 한쪽에서는 성차를 지나치게 부각하는 일차원적인 태도로 나타난다. 사실성-낭만성, 계급적-부르주아적, 세계관-기질과 같은 근대적 이항대립의 지표에 남성-여성을 대입하여 자신들의 정당성을 찾음으로써 성적 불평등이라는 결과를 초래한 것이다.

남성이 여성을 끊임없이 평가절하하고 때로는 작품과 상관없이 인신 모독과 희롱에 가까운 말을 남길 수 있던 것[***]은 남성이라는 성별을 기준하여 여성 작가의 여성성을 '열등함'으로 깔아보는 태도에서 기인한다. 이는 여성 작가에 대한 전반적인 기질 폄하로 이어진다. 여성들은 어차피 자신들의 독서 편력에 끼어들지 못하는 것을 짐짓 밝히는 것, 여성 작가의 센티멘털리즘이나 젠더적 관점은 모두 치열한 현실 관찰이 부재한 피상적인 부르주아적(반계급적) 글쓰기로 재단해버리는 환원론적 관점이 이를 방증한다.[****]

[***]   "지리한데 그만 두자"(임학수), "강경애씨한테 원고청탁을 했는데 아무 회답이 없다. 고료 안 드리면 편집회답도 안는다더라. 여자들은 조곰 일흠이 나면 건방져진다"(임학인)

[****]   윤유나, 「이화여전 출신 문인과 여성 문학장」, 동국대학교 석사학위논문, 2016

혹자는 여류 문사로 호명되던 사람들에 대한 비판이 남성·여성의 이분법적 시각에서 볼 문제가 아니라 여류 문사를 여성 작가와 동일시할 수 없으므로, 여류 담론을 여성 작가 담론으로 일반화할 수는 없지 않느냐고 질문할 수도 있겠다. 하지만 이는 문단 내 기득권 계층이었던 남성 문인들의 수준은 실제 이상으로 고평가함과 동시에, 대다수가 남성이었던 문단이 여성 글쓰기를 특수 범주로 분류하려는 젠더 정치의 전략을 포착해내지 못하는 실수를 범하는 분석이다.

여성 작가들은 문인으로서 태동할 수 있는 충분한 사회적 인프라를 확보하지 못한 상황이었다. 여성 대상의 근대교육이 시행된 지 얼마 되지 않은 시대였고, 여성을 둘러싼 사회적

'여성성', '센티멘털리즘'에 씐 열등한 것이라는 혐의를 벗겨내기 위한 재평가 역시 의미가 깊다. 이화여전의 교지 『이화』를 분석한 윤유나의 논문은 『이화』에 실린 글에 공통적으로 종교적인 색채와 문학에의 '진정성', 그리고 끊임없는 '생명'에의 중요성이 강조되어 있음을 밝힌다. 이는 모두 이화여전 학생들이 암담한 식민지 조선 현실에서 계몽의식을 발판 삼아 허무주의를 몰아내려고 노력한 흔적들이다. 또한 이대여전의 영문학과에서 주로 채택했던 낭만주의 성향의 텍스트의 영향을 받아 이들의 시에 근대 낭만주의적 성향이 짙게 배어 들어가 있었다. 따라서 이화여전의 문학에서 주목해야 할 부분은 바로 그 '센티멘털리즘'이다. 남성 문인들이 여성 문인을 비판할 때 자주 등장하는 '소녀적 취향'은 이화여전 내부의 문학적 지향과 직결된다. 때문에 남성 중심적 문단의 성향을 염두에 둔 일부 학생들의 경우에는 학교 외부에 시를 출품할 경우 센티멘털리즘의 성향을 배제하고 보다 남성적 어조의, 모더니즘적 색채를 띤 시를 선택하여 제출하기도 했다. 반대로 교지 『이화』에 실린 글들은 대부분 자연발생적인 감정을 노래한 센티멘털리즘의 시들이었다. 이에 따라서 윤유나는 이화여전 학생들의 여성적 글쓰기가 단지 '소녀 취향'이라고 비판받는 자연발생적인 센티멘털리즘이 아니라 시의 '진정성'에 대해 탐구와 고민을 거친 나름의 결과물이라고 짐작한다.

시선과 차별 또한 남아 있었다. 1930년대는 근대 교육의 결과 여성에게 '신가정'의 사적 영역의 담당자로서 현모양처가 되기를 요구하는 시대였다. 이러한 여성을 향한 사회적 차별이 남아 있는 상황에서, 여성이 남성과 완전히 같은 시각으로 사회 현실을 관찰해야 한다는 평가는 억압이고 폭력이다. 또한 기성 남성 작가들과 동등한 위치에서 토론을 해내는 것 또한 사회적 약자의 입장에서 무척 어려운 일이었을 것이다.

그럼에도 불구하고 문단은 여성들의 작품이 남성성이라는 허구적으로 구성된 가치를 함양하는가에 집착했다. 그 결과 남성적 문체와 계급주의적 관점을 택한 강경애와 박화성만을 온전한 작가로 구분하고, 그렇지 못한 여성들은 '여류 문사'라는 범주로 분할하여 위계를 설정했다. 하지만 남성 작가 중에서도 해당 기준에 부합하는 작가가 그렇게 많았을지는 의문이다. 그리고 여성 작가들의 문학적 역량을 평가하는 일은 오롯이 기성 남성 작가들에 의해 이루어졌다. 성별에 따라 평가하는 이와 평가받는 이가 정해진 것이다. 이로써 여성은 평가받는 위치에, 반대로 남성은 평가하는 위치에 자연스럽게 안착했다. 남성 작가들은 성별에 따라 자연스럽게 역할과 위계를 나누는 성별정치를 구사함으로써 여성 문인들을 평가하는 심사자의 위치를 획득했다.

더욱 고약한 것은 이들이 박화성과 강경애의 사례를 들어 표면적으로는 탈성별이분법적 태도를 내세웠다는 점이다. 결국 남성 중심적인 문단 제도에서 여성 작가들이 작가로서 인정받기 위해서는 본인의 색채를 의도적으로 억누르고 남성 작가들의 글쓰기를 모방하기 위해 고군분투하거나, 시대적으로 억압받던 여성의 서사를 외면하고 '계급적'인 남성의 시선을 통해 민족의 미래를 걱정하거나, 보편 남성의 형상으로 그려지던 민족의 뒤를 따르는 무해한 여성성을 내세움으로써 남성 문단의 권세에 편승해야만 했다.

여성, 근대에 뿌리를 내리다

이 글은 오늘날 여성들의 문단 권력에 대한 저항감과 대안 미디어를 통한 출간 사례로부터, 1920년대 여성 문인들이 문단 장과 미디어의 젠더정치와 초기의 '여성 문학' 범주를 구성해온 역사를 반추해보았다. 1920~30년대는 문단이 저명한 비평가들과 작가들을 통해 공고히 제도화되던 시기였고, 문단이 당시 활발히 유통되던 미디어 매체들과 긴밀한 관계를 유지하면서 문학은 대중들로부터 독보적인 권위를 부여받으며 발전하게 된다. 한편 미디어는 문학 장과 콘텐츠의 확대와 재생산을 위해 '독자 투고'나 '현상문예공모' 제도를 통해 근대적 글쓰기를 대중들에게 확산시킨다.

미디어는 여성의 글쓰기를 세상에 내보일 수 있는 효과적인 기회였으나, 동시에 글 쓰는 여성을 '여류 문사'라는 이름으로 상품화하여 저널리즘적 글쓰기에 소비하는 양날의 검이기도 했다. 여성 문학은 이러한 사회역사적 배경에서 여성에게 성차에 따른 관념과 역할 수행을 강조하던 미디어의 담론과 때로는 갈등하고 때로는 협상하며 여성들의 글쓰기라는 다종다양한 서사를 이어나갔다. 근대 여성들의 글쓰기는 이러한 성별 구획의 젠더정치와 맞서 싸우면서 형성되어온 것이다.

다층적이고 개별적인 여성들의 문학을 '여성 문학'이라는 정의로 합의 내리기가 불가능함은 분명하다. 그동안 문학사에서도 '여성 문학'은 다양한 의미가 혼재하는 개념이었으며 문제의식이나 지향점에 따라 다양한 방식으로 범주화되어온 것도 주지의 사실이다. 나 또한 본문에서 '여성 문학'을 호명한 것이 통일되고 합의된 범주로서의 여성이나 여성 문학이 존재한다고 주장하려는 것은 절대 아님을 부연하고자 한다. 여성 문학은 언제나 복수성과 단일한 정체성 안에 포획되지 않는 유동성을 지녀왔다.* 오히려 내가 들여다보고자 했던 것은 남성 중심의 문단이 여성 서사를 성별 경계의 범주 안으로 구획하며 여성 개개인의 개별적 차이를 지우고 범주화된 정체성으로 환원하는 젠더정치가 이루어지는 문제적 순간들이었다.

마찬가지로 1920~30년대의 여성 문인을 연구하기 위해서는 당시 문단에 팽배했던 여성 작가-여류 문사 담론을 짚고 넘어가지 않으면 안 된다는 것이 본 글의 입장이다. 여성 문인 개개인을 분석하기에 앞서 여성 문인 전반에 대한 시대적·사회적 시선, 당대 문단의 분위기와 내부에서의 입지를 조사하고, 따라서 그들의 작품과 업적을 평가함에 있어 어떤

---

* 김경연, 앞의 책, 36쪽.

부당한 정치적 기획이 끼어들지는 않았는지 그 여부를 확인하고자 했다. 또한 '여류 문사' 범주의 형성과정을 돌아봄으로 당대 문단과 미디어의 여성 젠더를 향한 젠더정치 기획을 파악하고, 여성 문인뿐만 아니라 당대의 여성 전반에게 강요되던 성별화된 역할 수행의 담론까지 파악할 수 있었다. 미디어는 여학생, 여기자, 여류 문사로 이어지는 여성들의 생애를 남성화된 대중의 시선 앞에 내세워 유흥거리로 소비했다. 식민지 조선의 여성들은 피식민지인이자 소수자 여성으로서 이중의 억압에 지속적으로 노출되어 있었다.

하지만 중요한 것은 당대 여성들이 미디어 매체를 경유함으로써 근대적 글쓰기에 눈뜨고 주체로서의 삶에 눈을 떠갔다는 지점이다. 내가 강조하고 싶었던 것은 시대적 한계와 젠더정치의 기획에 희생되고 좌절하는 여성의 이미지가 아니었다. 오히려 나는 근대의 문인으로서 그 날개를 펼친 여성들의 업적을 기리고, 남성 중심의 문단과 미디어가 그들을 사사건건 방해하고자 했던 협잡의 순간들을 고발하고자 했다. 여성 문인에 대한 남성들의 견제는 시대의 얼굴을 빌려 이루어졌다. 그리고 여성 문인들은 그 내부에서 끊임없이 투쟁하고, 교란시키고, 때로는 협상하면서 남성 중심의 문학이라는 장에 균열을 냈다.

참고문헌

김경연, 『근대 여성문학의 탄생과 미디어의 교통』, 소명출판, 2017

김양선, 『근대문학의 탈식민성과 젠더정치학』, 도서출판 역락, 2009

김양선, 「여성 작가를 둘러싼 공적 담론의 두 양식: 공개장과 좌담회를 중심으로」, 『민족문학사연구』 26권 26호, 2004

김양선, 『한국 근현대 여성문학 장의 형성』, 소명출판, 2012

김연숙, 「저널리즘과 여성 작가의 탄생」, 『여성문학연구』 14, 2005

손유경, 「여류의 교류 – 식민지 조선에서 전위가 된다는 것 (2)」, 『한국현대문학연구』 제51집, 한국현대문학회, 2017.4

신수정, 「한국 근대소설의 형성과 여성 재현 양상 연구」, 서울대학교 박사학위논문, 2003

신지영, 『부/재의 시대』, 소명출판, 2012

심진경, 「문단의 '여류'와 '여류 문단' – 식민지 시대 '여성 작가의 형성과정」, 『상허학보』 13, 2004.8

심진경, 「여성문학은 어떻게 만들어졌는가」, 『한국근대문학연구』 제19호, 한국근대문학회, 2009.4

심진경, 『여성과 문학의 탄생』, 자음과모음, 2015

윤유나, 「이화여전 출신 문인과 여성 문학장」, 동국대학교 석사학위논문, 2016

이상경, 「1930년대의 신여성과 여성 작가의 계보 연구」, 『여성문학연구』 12, 한국여성문화학회, 2004

이혜령, 『한국 근대소설과 섹슈얼리티의 서사학』, 소명출판, 2007

장영은, 「근대 여성 지식인의 자기서사 연구」, 성균관대학교 박사학위논문, 2017

장영은, 「'배운 여자'의 탄생과 존재 증명의 글쓰기」, 『문학을 부수는 문학들』, 민음사, 2018

전은정, 「일제하 신여성 담론에 관한 분석-여성주체 형성과정을 중심으로」, 서강대학교 석사학위논문, 2000

전희진, 「식민지 초기 신여성의 공적영역으로의 초대와 그 실재」, 『사회와 역사』 제88집, 한국사회사학회, 2010

천정환, 『근대의 책 읽기』, 푸른역사, 2014

서하은, "꼭 '등단'을 해야 '정식 시인'이 되는 걸까?— 백인경 시인의 출간 기념 북콘서트", 북즐뉴스, 2018.12.04

송보배, "누구나 각자의 픽션으로 이야기를 완성한다", 책방라이브, 2018.12.24

신귀영, "올해 상반기 출판 키워드 '여성' '마음 지키기' 'SNS'", 국제신문, 2018.06.07.

낭만과 현실, 그 사이 어딘가에서 이루어지는 여성의 선택

_김태형

고전 속에 살아있는 여성들

책 주제를 여성과 문학으로 하자고 결정했지만 여전히 내게는 고민이 남았다. 문학을 좋아하는 사람들이나 공부하는 사람들만이 아니라 대중들도 읽고 싶은 마음이 들어야 한다는 생각에서였다.

한참을 고민한 끝에 『오만과 편견』『제인 에어』의 주인공들을 다루는 글을 쓰기로 결심했다. 『오만과 편견』은 영화로도 유명하기에 들어보지 못한 사람은 거의 없다. 하지만 책을 읽어본 사람은 적어도 내 주변에서는 많지 않았다. 『제인 에어』는 제목만 알거나 들어보지도 못한 사람들도 많았다. 낯설면서도 친숙한 이야기를 하기 알맞은 작품들이라는 생각이 들었다.

몇 가지 의문을 제기하는 사람들도 있었다. 여성 작가들이 쓴 여성의 이야기인 것은 좋다. 세계적으로 유명한 고전들이며 아직까지도 많이 읽히지는 않는 작품인 것도 맞다. 하지만 굳이 19세기 영국 소설들*을 21세기 한국에서 분석하는 의미가 얼마나 있을까? 또 이 작품들을 한꺼번에 묶어 분석하는

---

* 『오만과 편견』은 1813년에, 『제인 에어』는 1847년에 각각 출간되었다.

이유가 있을까?

분명 우리는 그들과 거리가 먼 세상에 살고 있다. 시간적, 공간적으로는 물론이고 언어와 문화의 장벽 또한 우리 사이를 가로막고 있다. 그러나 실제로 우리 사회와 당시 사회, 현대 사람들과 당시 사람들과의 간격은 생각만큼 크지 않아 보인다. 정말로 우리 사이에 넘을 수 없는 벽이 가로막고 있다면, 오늘날까지 고전들이 극찬 받을 이유도 줄어들고, 우리말로까지 번역되어 읽힐 이유도 없기 때문이다. 나는 문학은 친숙한 것을 낯설게, 낯선 것을 친숙하게 만드는 힘이 있다고 생각한다. 문학을 왜 읽는지, 특히 고전 문학을 아직까지 읽는 이유가 무엇인지 궁금한 사람들에게 친숙하면서도 낯선 인물들의 이야기를 소개하고 싶다. 특히 '여성 서사'에 목말라 있는 사람들에게는 더욱 추천하고 싶다.

물론 우리는 동시대의 사람들조차 완전히 이해하지 못한다. 가장 가까운 사람인 연인이나 가족들조차 이해하지도, 이해받지도 못해 상처받는 사람들이다. 그러나 의외로 소설 속 인물들의 삶은 더 잘 들여다볼 수 있다. 공감할 수 있고, 위로를 얻을 수도 있다. 이 글에서는 엘리자베스와 제인의 삶을 중점적으로 들여다볼 것이다. 여기서 이야기하는 방식이 정답이라고, 이렇게 이해해야 한다고 말하려는 것은 아니다. 당시 현실에서 어떻게든 살아가고자 했던 여성들의 삶을 보여주고, 오늘날 삶을 살아가는 사람들은 이를 어떻게 바라볼 수 있는 지 한번 이야기해 보고 싶은 것이다.

그 나라 그 시절 여성들

우리와는 먼 나라, 먼 시대에 쓰인 소설을 잘 이해하기 위해서 시간적, 공간적 배경에 대해 짚고 넘어갈 것이다. 나머지 두 작품도 그렇지만 특히 『오만과 편견』을 독해할 때는 젠트리 계급에 대한 이해가 빠질 수 없다. 젠트리는 계급 사회가 붕괴되기 시작한 16세기부터 대두된 지주 계급이다. 작위가 없기에 귀족은 아니지만, 사교계에서는 귀족들과 큰 차이 없는 대우를 받는다. 계급보다 재산이 중요한 시기라는 것은 『오만과 편견』에서 잘 드러난다. 다아시는 작위가 없는데도 연 수입 1만 파운드라는 거액의 재산을 바탕으로 작중 누구보다도 높은 평가를 받는다(심지어 작위와 재산을 모두 가진 숙모 캐서린 영부인보다도). 반면 작위는 있지만 재산이 적은 윌리엄 경은 표면적인 예우만 받을 뿐이다. 또 엘리자베스의 외삼촌 가디너가 받는 평을 통해 당시 변호사 등 전문직의 사회적 위치를 알 수 있는데, 같은 젠트리 계급이면서도 지주들보다는 확실히 낮게 평가되고 있다. 정리하자면 작위와 재산을 모두 소유한 캐서린 영부인은 상류층, 작위 없이 막대한 재산만을 가진 다아시는 중상류층, 그보다는 못하지만 상당한 재산을 가진 빙리는 중류층, 작위는 있지만 재산은 변변찮은 윌리엄 경이나 전문 직업을 가진 가디너는 중하류층으로 나눌 수 있다.

산업혁명 이후 중세 농경사회에서 자본주의 사회로 넘어가는 단계에서 사람들은 결혼을 통해 재산을 늘리는 데 관심을 쏟았다. 당시 다산이 일반적이었고, 남성이든 여성이든 직업보다는 토지를 통해 수입을 얻던 사회에서 유산을 후손에게 고르게 분배한다면 당연히 후대로 갈수록 개인이 소유한 재산은 줄어든다. 지주들에게 토지가 줄어드는 것은 수치 이상의 큰 손실이었기에 이를 막기 위해 당시 영국에서는 한정 상속이라는 제도를 만들었다. 『오만과 편견』에서 베넷 부인의 커다란 불만거리로 소개되는 이 제도는 자녀들 전체에게 토지를 나누어 분할하면 줄어들 수밖에 없는 수입을 남성 한 명에게 상속하여 손실을 줄이고자 한 의도를 품고 있다. 일견 합리성을 띤 것으로 보이지만 상속 과정에서 여성이 배제되었다는 점에서 성 격차를 명백히 드러내는 제도이다.

당시 젠트리 계급의 여성은 경제 활동을 할 수 없었다. 토지 상속 대상에서 우선적으로 제외되는 것은 물론, 직업을 가지는 것도 제한되었다. 토지를 물려받지 못해 경제활동을 해야 했던 젠트리 남성은 법률가, 성직자, 군인, 의사 등 전문직을 선택할 수 있었다. 지주보다는 낮은 대우를 받았으나 그래도 스스로 먹고 살수는 있었다. 그러나 젠트리 계급의 여성이 전문

직업을 가지는 것은 허락되지 않았다. 여성들은 남성들보다 지적으로나 도덕적으로 열등한 존재처럼 여겨졌다.『오만과 편견』,『제인 에어』에서 여성들에게 요구되는 '교양'들은 남성들의 것과는 아주 다르며, 훨씬 열등한 것으로 묘사된다. 가령『오만과 편견』에서 빙리 양은 다아시와의 대화에서 교양을 갖춘 여성들에 대해 다음과 같이 설명한다.

"흔히 볼 수 있는 것을 훨씬 넘어선 분이어야 하지요. 교양이라는 말에 어울리는 분은 기악, 성악, 무용, 어학에 관해서 완전한 지식을 가져야 해요. 게다가 몸짓, 걸음걸이, 목소리, 말투 등에도 뭔가를 갖고 있어야지요. 그렇지 않고서는 충분히 교양이 있는 사람이라곤 할 수 없는 것이지요."

당시 여성에게 사회란 것은 사교계가 전부라고 보아도 좋았다. 따라서 여성들에게 요구되는 교양도 사교에 필요한 것, 남성들의 눈길을 끌기 위한 것으로 제한되었다. 독신 여성의 경우 이러한 교양은 독신 남성들의 마음을 얻기 위한 도구로, 기혼 여성의 경우 남편을 돋보이게 하는 도구로 이용될 뿐이었다.

여성들이 독신이고, 생활이 어렵다면『제인 에어』의 제인처럼 학교의 교사나 가정교사, 그도 아니면 더 낮은 계급의 하녀 정도밖에 선택지가 없었다. 제인 오스틴이나 샬럿 브론테 Charlotte Brontë 를 비롯한 브론테 자매처럼 작가가 되는 것도 아주 드문 일이었다. 여성들이 교육을 받을 기회도 남성들보다 적었던 시대에, 책을 내는 것은 물론 소설을 쓰는 것도 남성들의 전유물로 여겨졌던 시대였다. 그래서 브론테 자매는 처음 소설을 낼 때 중성적인 필명을 쓰라는 출판사의 제안을 받아 필명을 사용하기도 했다.

이러한 시대적 상황에서 젠트리 계급 여성의 선택지는 극히 제한되었다. 첫 번째로는 재산을 가진 남성과 결혼해 중류층 계급의 삶을 이어가는 방식이 있었다. 두 번째로는 독신으로 남아 부모나 다른 남자 형제에게 신변을 위탁하는 방법이 있었다. 마지막으로 스스로 낮은 계급의 가정교사가 되어 고용인으로서의 삶을 사는 길이 있었다.

이를 보듯 이 시대의 여성과 남성에게 결혼이 갖는 의미는 전혀 달랐다. 이 시대에 나이가 찬 독신 남성과 독신 여성이 있다고 상상해보자. 사람들은 수군거린다. 얼마나 매력이 없으면(외적, 사회적, 경제적 부분을 모두 포함하여) 그 나이가 되도록 결혼을 못 했을까. 그러나 똑같이 구설수에 오르더라도 독신인 남성과 여성이 견뎌야 할 무게는 결코 같지 않다. 남성에게 독신 생활이 생존의 위협으로 다가오는 일은 적지만, 여성에게 결혼 여부는 생존에 중대한 영향을 미친다.

엘리자베스 이야기, 『오만과 편견』

로맨스 소설의 원조 격이며 탄탄한 구성, 유려한 문체, 현실에 대한 충실한 반영과 풍자 등으로 문학계에서 높이 평가되어 왔던 이 소설은 페미니즘의 시각에서 재평가되어 비판의 대상에 놓이기도 했다. 여성이 경제활동 주체로 나설 수 없는 현실에 대한 풍자와 아이러니로 이루어진 이 소설에서 가부장제 구조와 그에 갇힌 인물들을 풍자하기 바빴던 엘리자베스는 의아하게도 돈 많은 부자의 아내가 되는 결말을 맞는다. 이 결말은 오스틴을 기존 체제를 공고히 하는 보수주의자로 보는 쪽이나, 영국 사회가 정해놓은 사회제도나 통념에 저항하는 진보주의자로 보는 쪽 모두가 불만을 제기해왔다. 그에 대해 하고 싶은 말이 없는 것은 아니지만, 이 글에서는 작가 오스틴보다는 인간 엘리자베스에 대해 이야기하고 싶다.

엘리자베스, 여성이 처한 현실

『오만과 편견』의 서두는 다음과 같다.

> 상당한 재산을 가진 독신 남성에게 아내가 필요하다는 것은 세상 사람들이 모두 알고 있는 공동된 생각일 것이다.

이런 생각이 사람들의 마음속에 깊이 뿌리를 내리고 있었기 때문에, 그런 자격을 갖춘 남성이 이웃에 이사라도 해오면, 당사자의 생각이나 기분과는 아무 상관 없이 이웃 사람들은 자신의 딸들 중에서 누군가 그를 차지할 정당한 권리가 있다고 생각하게 된다.

이 부분을 읽으면 언뜻 결혼의 선택권이 여성에게 있는 것처럼 보이지만, 당대 사회를 고려할 때 일종의 아이러니로 해석하는 편이 자연스럽다. 여기서 "그런 자격을 갖춘 남성"에 해당하는 빙리 씨는 상당한 재산을 가진 사업가로, 결혼하지 않는다고 해서 살아가는 데 어려움을 겪을 이유는 없다. 반면 베넷 가의 다섯 아가씨들을 보자. 작중 현재 베넷 씨의 재산은 연 수입 이천 파운드로 지금 당장 먹고사는 데 지장은 없지만 미래는 늘 불안하다. 그 재산은 한정 상속 제도로 인해 딸들이 아니라 콜린스라는 먼 친척이 물려받도록 되어 있기 때문이다. 살림을 꾸리는 베넷 부인은 절약하는 성격도 아니며, 여분의 저축을 마련할 만큼 수입이 많지 않아 갑자기 베넷 씨가 사고라도 당할 경우 다섯 딸들은 살길이 막막해지는 상황이다. 다시 말해 인용한 부분은 여성이 합법적으로 경제적인 안정을 얻을 수 있는 길은 결혼뿐이라는 현실을 부각시키고 있다.

그러니 이웃에 괜찮은 독신 남성 젊은이가 이사 온다는 소문이 베넷 부인을 흥분시켰다고 해서, 엘리자베스가 속으로 생각한 것처럼 부인을 마냥 속물이라고 탓할 것은 아니다. 그녀는 딸들을 위해 가장 현실적인 미래를 계획하고 있는 것이다. 물론 딸들을 생각하는 마음이야 좋게 평가한다 해도 그녀가 세우는 계획을 썩 훌륭하다고 말하기는 어렵다. 딸들의 결혼을 계획하는 데 있어 베넷 부인은 딸들의 의사나 심지어 예비 결혼 상대의 의사도 별로 고려하지 않는다. 빙리 씨를 만나기도 전부터 딸들 중 하나와의 결혼을 상상하는 것과, 콜린스가 엘리자베스와 결혼하고 싶다는 의사를 보이자마자 엘리자베스의 의사와는 상관없이 결혼을 밀어붙이려 하는 것 등을 보면 말이다.

기회인가 낚시인가

소설 속에서 엘리자베스에게 청혼하거나, 그럴 낌새를 보이는 남자는 총 세 명이다.

베넷 가의 먼 친척인 콜린스는 만난 지 얼마 되지도 않아 엘리자베스에게 청혼한다. 그녀에게 첫눈에 반했기 때문은 아니다. 방문하기 전부터 롱본(베넷 가의 저택 이름)을 상속받는 데에 대한 보상으로 베넷 가의 딸들 중 한 명과 혼인하겠다는 계획이 있었지만, 제인은 이미 빙리라는 임자가 있으니 차녀인 엘리자베스와 결혼하겠다는 것이다. 콜린스는 겉보기에는 그럴듯한 미끼를 가지고 있었지만 엘리자베스는 콜린스라는 사람의 됨됨이를 좋게 볼 수가 없었다. 애정 없는 결혼을 할 바에 독신으로 사는 것이 낫다는 가치관을 가졌던 엘리자베스는 콜린스의 청혼을 단호히 거절한다. 베넷 부인의 열렬한 설득, 협박, 회유에도 아랑곳하지 않고.

베넷 부인의 응원과 압력, 눈치 없는 콜린스의 행동 때문에 엘리자베스는 꽤 오래 시달릴 수도 있었지만 의외로 이 갈등은 쉽게 해결된다. 엉뚱하게도 엘리자베스의 친구 샬럿이 콜린스와 약혼한 것이다. 이번에야말로 운명의 사랑이 생겨난 것일까? 그렇지 않다는 것은 금세 알 수 있다.

콜린스 씨는 확실히 이해력이 있는 사람도 아니고 호감을 주는 사람도 아니다. 교제는 귀찮고 그의 애착은 틀림없이 상상뿐인 것이다. 그러나 그는 남편은 될 수 있다. 샬럿은 남자에 대해서도 결혼에 대해서도 별로 높은 평가는 하고 있지 않지만, 결혼은 항상 그녀의 목표였다. 결혼이야말로 재산이 적고 교육을 받은 젊은 여성의 훌륭한 인생에의 유일한 발판이 되는 것이었다. 행복에 관해서는 알 수 없더라도 가난은 벗어날 게 틀림없는 것이다. 이것을 얻은 것은 정말 행운이라는 것을 샬럿은 뼈저리게 느꼈던 것이다.

콜린스 또한 다른 사람들(특히 그의 후견인)에게 보여주기 위한 가정을 꾸리려는 소기의 목적이 있었으니 둘의 이해관계가 일치한 셈이다. 둘의 결합을 알게 된 엘리자베스는 탐탁지 않게 여긴다. 엘리자베스의 눈에 콜린스가 괜찮은 신랑감이 아니기도 했지만, 무엇보다 그녀는 사랑 없이 결혼할 수 있다는 것을 납득하고 싶지 않았던 것이다.

엘리자베스의 두 번째 기회는 위컴이라는 군인과 함께 찾아온다. 다아시와 소년 시절을 함께 보낸 위컴은 그럴듯한 이야기를 꾸며내 다아시를 모함한다. 잘생기고 예의 바른 위컴에 대한 호감과, 이미 다아시에 대해 품고 있던 편견이 더해져 엘리자베스는 의심하지 않고 위컴을 믿는다. 그렇게 두 사람 사이에 공감대가 형성되어 거의 연인으로까지 발전한다. 요즘 말로는 '썸을 탔다'고 할 수 있다. 그랬던 두 사람의 관계는 갑자기 위컴이 소극적으로 나오면서 식기 시작한다. 시간이 지나 위컴이 지참금이 많은 다른 여성에게 작업을 걸고 있다는 소문을 접한 엘리자베스는 쓰린 마음을 달래며 자신의 감정을 정리한다.

두 명의 인연을 떠나보낸 엘리자베스에게 너 이상의 기회는 찾아오지 않을 것 같았다. 이 무렵 엘리자베스는 본인보다는 언니의 연애사에 관심을 쏟는다. 제인은 한때 빙리와 잘 되고 있었지만 빙리와 다아시가 불쑥 런던으로 떠난 후 연락을 받지 못한다. 처음에는 빙리의 여동생과 편지를 주고받았는데, 시큰둥한 반응이더니 곧 그마저도 끊기고 만다. 심지어 제인이 런던에 잠시 머무르는 동안에도 두 사람은 만나지 못했다. 제인은 빙리와의 연애가 자신만의 착각이었다고 여기게 된다. 그러나 이는 사실이 아님이 밝혀진다. 엘리자베스가 친구 샬럿을 방문하던 중 다아시를 만난 것이다. 다아시는 자신이 엘리자베스에게 품고 있던 애정을 고백하며 청혼하지만 엘리자베스는 위컴이 심어준 오해와 언니의 결혼을 파탄 낸 장본인이 다아시라는 점, 자신의 가족에 대한 다아시의 비난 때문에 화가 나서 곧바로 거절한다("당신이 어떤 방식으로 구혼하셨더라도 저는 받아들일 마음이 생기지 않았을 거예요.").

어쩌면 엘리자베스에게는 이번이 마지막 기회였을 것이다. 그녀의 어머니가 몰랐기에 망정이지 이 청혼과 그녀의 거절 소식을 들었다면 정말로 딸과 절연하려 들었을지도 모르는 일이다. 여기서 만약 엘리자베스가 외모, 재산, 신분 등 외적인 요소에 혹해 구혼을 승낙했다면 소설의 분량은 절반으로 줄었을 것이고, 아마도 지금까지 명작으로 불리지 못했을 것

같다. 그동안 쌓아왔던 엘리자베스의 캐릭터성이 완전히 무너져 독자 누구에게도 공감을 사기 어려웠을 테니까.

스스로에 대한 자부심에 가득 차 있던 다아시는 예상치 못한 엘리자베스의 거절로 큰 충격을 받고, 다음 날 그녀에게 장문의 편지를 내민다.

"당신을 만날 수 있기 바라면서 이 숲 속을 걷고 있었습니다. 제발 이 편지를 읽어주시기를 바랍니다."

소설에서 언급되지는 않았지만 편지를 건네는 방식 또한 엘리자베스에게 어느 정도 점수를 땄을 것이라 생각한다. 어쨌든 이 편지는 다아시에 대한 엘리자베스의 오해 내지 편견을 상당히 걷어내는 효과가 있었다. 다아시에 대한 커다란 반감 중 두 가지, 언니와 빙리의 사이를 갈라놓은 것과 위컴이 받았다고 주장한 부당한 대우에 대해 다아시는 충분히 합리적인 설명을 제공하고, 믿을 만한 증인들도 세울 수 있다고 밝힌다. 엘리자베스는 온전히는 아니더라도 일단 그 해명을 받아들인다.

이후 엘리자베스는 외삼촌 가디너 부부와 여행 도중 다아시 소유인 펨벌리를 방문한다. 처음에는 방문을 꺼렸던 엘리자베스는 가정부로부터 다아시가 당장 돌아오지 않을 것이라는 말을 듣고 가보기로 결심한다. 그러나 예정보다 일찍 귀가한 다아시와 마주치고, 두 사람은 서로 쌓아두었던 벽을 서서히 허물어가며 가까워진다. 이대로 연애로 발전할 것처럼 보였던 두 사람의 관계는 엘리자베스의 동생 리디아와 위컴이 눈이 맞아 도망쳤다는 제인의 편지로 파국을 맞는다. 편지를 받고 동요를 숨기지 못한 엘리자베스는 다아시에게 사정을 털어놓고 이야기를 들은 다아시가 말없이 떠나자 엘리자베스는 (어차피 기대하지 않았지만) 그가 다시 청혼할 일은 없을 거라고 체념한다.

다아시가 떠난 것은 사실 위컴과 리디아를 찾아 협상하기 위해서였다. 모든 일을 처리했으면서도 다아시는 그 일을 숨기려 했지만, 진실을 알게 된 엘리자베스는 다아시의 애정이 아직 남아 있다는 희망을 품는다. 그러나 다아시는 빙리와 제인의 관계가 진척되면서 함께 엘리자베스를 만날 수 있었는데도, 엘리자베스의 마음이 변했다고 믿을 근거가 부족했다. 다아시의 이모인 캐서린 드 버그 영부인의 의도치 않은 활약으로 이 마지막 장해물은 제거된다. 어쩐 일인지 다아시와 엘리자베스가 약혼했다는 소문이 퍼져 영부인은 직접 결혼을 막으러 찾아온다. 영부인은 신분이 어울리지 않는 두 사람의 결혼을 그만두라고 엘리자베스에게 엄포를 놓지만 엘리자베스는 그럴 수 없다고 강하게 맞선다. 이 사건은 영부인의 의도와는 정반대로 흘러간다. 다아시는 누구보다 솔직한 엘리자베스의 성격을 잘 알고 있었기에 희망을 품을 수 있었고 다시 한 번 엘리자베스에게 청혼한다. 두 번째는 전보다 조금 더 나은 방식이었고 결국 승낙을 받는다.

이 결말에 불만을 품는 독자도 있을 것이다. 해피엔딩에 대한 불만보다는 엘리자베스의 행복이 전적으로 다아시라는 돈 많은 남성에 의해 좌우되기 때문에 생기는 불만일 것이다. 오스틴에 대한 비평에서 흔히 찾아볼 수 있기도 하다. 주체적인 여성상을 그려내는 데 성공했으면서도 그 여성이 결국 전통적인 가부장제로 돌아온다는 결말이기 때문이다.

그러나 반대로 이렇게 볼 수도 있다. 엘리자베스만큼 주체적이고 명민한 여성조차도 당시 사회에서 남성의 도움 없이는 살아갈 수 없었다고 말이다. 실제로 엘리자베스는 리디아의 도주 사건을 수습하는 데 전혀 도움을 줄 수 없었지만, 그것은 엘리자베스 개인의 한계라기보다는 당시 여성들이 처한 환경의 한계였다. 엘리자베스가 만약 독신으로 남았을 경우 자립하기란 매우 어려웠을 텐데, 그 역시 마찬가지다. 그렇다면 소설 전반부에 독립적이고 주체적이었던 엘리자베스가 마지막에는 남성 가부장제에 순응하고 의존하는 것으로 변절했다고 손가락질하는 것이 마땅할까?

제인 이야기, 『제인 에어』

『제인 에어』는 오늘날의 시각에서 보아도 분명 흥미로운 요소를 여럿 지니고 있다. 우선 로맨스 소설이면서도 내면의 성숙을 보이는 성장 소설이다. 그리고 당대로서는 정말 혁신적이게도, 예쁘지 않은 여주인공이 등장한다. 심지어 남주인공도 그렇다. 현대 로맨스 소설이나 드라마를 보아도 주인공의 외모가 볼품없다는 것을 대놓고 묘사하는 이야기는 흔치 않다.

2015년 7월에 BBC Culture Contributor가 영국을 제외한 세계 각국의 비평가 82명에게 물어본 결과 『제인 에어』가 5위를, 『오만과 편견』이 11위를 차지했다. 영국을 포함했다면 순위가 반대였을지도 모르지만, 어쨌든 세계적으로 이 작품을 이만큼 높게 평가한 이유가 무엇일까?

제인과 경제적 현실

제인은 외숙모 리드에게 길러진 고아이다. 제인의 아버지는 가난한 목사였고 어머니 집안에서 두 사람의 결혼을 반대했기 때문에 경제 사정이 좋지 못했다. 설상가상으로 마을에 전염병이 돌아 부부가 나란히 세상을 뜨는 바람에 제인만 혼자 남아 외삼촌 리드가 맡게 된다. 리드는 조카 제인을 가여워했지만 그 역시 일찍 세상을 떠나 어린 제인은 외숙모와 사촌들의 학대와 괴롭힘에 시달린다.

제인 혼자 힘으로는 게이츠헤드 저택(리드 가)을 벗어날 수 없었다. 그나마 리드 부인이 기숙학교에 보내겠다고 결정한 것이 다행이었다. 과정이 순탄치만은 않았지만 기숙학교를 졸업한 제인은 학교 교사로 2년을 일하다가 손필드의 가정교사가 된다.

가진 재산은커녕 몸을 의탁할 집조차 마땅치 않으니 제인의 처지는 엘리자베스보다 훨씬 열악하다. 달리 의지할 사람이 없기에 제인은 스스로의 능력에 의지해서만 살길을 찾아야 했다.

흙수저 그 자체인 인생

부모에게 물려받은 것 하나 없이 자신의 힘으로 살길을 모색해야 하는 제인의 인생은 흙수저의 삶이라고 할 수 있다.

앞서 이야기했듯 리드 가의 장남 존 리드는 어린 제인을 가장 직접적으로 괴롭히는 인물이다. 제인보다 나이가 조금 많은 소년인 그는 잔인하리만치 제인을 괴롭힌다. 제인의 유일한 취미이자 행복인 독서조차 그는 용납하지 않는다.

"넌 우리 책을 꺼낼 권리가 없어. 어머니가 그러는데 넌 더부살이라던데. 넌 돈도 없어. 네 아버지는 한 푼도 남겨놓지 않았어. 빌어먹는 게 당연해. 우리 같은 양갓집 애들과 같이 살고, 우리와 똑같은 음식을 먹고, 우리 어머니 돈으로 옷을 사 입고 할 처지가 못 된단 말이야. 이제 또 내 책장을 뒤적거려봐라. 그냥 안 둘 테니까. 모두 내 책이야. 이 집 안에 있는 것은 모두 내 것이니까. 지금은 내 것이 아니지만 2, 3년만 있으면 내 것이 된단 말이야. 저리 가. 거울과 유리창에서 비켜나서 문에 가 서란 말이야."

물론 존은 단지 제인이 집의 물건에 손을 대는 것을 싫어할 뿐 책에는 조금의 애착도 없다.

제인에게서 책을 빼앗아 들고 제인을 문가에 서게 한 존은 그대로 책을 집어던진다. 책에 맞고 넘어져서 머리를 다친 제인은 분을 이기지 못하고 소리친다.

"고약한 심술쟁이! 꼭 살인자 같아. 노예 감독 같아. 로마의 폭군 황제들과 똑같아!" 하고 나는 소리쳤다.

이 일을 계기로 리드 부인은 제인을 독방에 가두었다가 기숙학교에 보내기로 결정한다. 제인이 가게 될 학교는 브룩허스트가 이사장으로 있는 로우드이다. 이곳은 제인 인생의 첫 번째 터닝 포인트이다. 제인은 헬렌이라는 아이를 만나게 된다. 제인이 보기에 헬렌은 선생들의 부당한 처벌에도 말없이 순응하는 신기한 아이다. 제인은 헬렌과 가까이 지내며 그녀의 인내력, 성품 등을 닮아간다. 비록 제인은 지적인 면이나 성품 면에서 헬렌을 따라갈 수 없다고 여기지만 실제로 학교를 졸업한 이후의 제인의 모습을 보면 깜짝 놀랄 정도로 변해 있다. 이에 대한 공은 거의 전적으로 템플 선생과 헬렌의 것이다.

제인은 로우드를 졸업한 후에도 교사로 몇 년간 더 일하다가 신문에 광고를 내 가정교사 일을 찾기로 결심한다. 이를 본 손필드(두 번째 터닝 포인트)의 가정부 페어팩스 부인이 편지를 보냈고, 제인은 프랑스 아이 아델의 가정교사가 된다. 제인은 훌륭한 교사 역할과 손필드의 주인 에드워드 로체스터의 말벗 노릇을 동시에 수행한다. 부유하며 권위적인 자신에게 굽실거리지 않고 대등한 태도로 지적인 대화를 나눌 만한 사람을 거의 만나지 못한 에드워드에게 고용인으로서 고용주에게 예의를 갖추면서도 당당하고 지적 능력을 갖춘 제인은 흥미를 불러일으킨다. 둘은 저녁마다 벽난로 곁에서 이야기를 나누고, 시간이 지나며 제인은 그를 사랑하게 된다.

손필드의 평안은 블랑시 잉그램의 등장으로 깨어지고 소설은 긴장에 돌입한다. 블랑시는 굉장히 아름다운 사람으로 묘사된다. 반면 제인은 이미 언급했듯 소설 처음부터 끝까지 일관되게 못생긴 얼굴로 묘사된다. 또한 블랑시는 지주의 딸인 반면 제인은 하녀보다 약간 더 나은 취급을 받는 가정교사이다. 제인은 블랑시와 스스로를 비교하며 계속해서 커가는 에드워드를 향한 마음을 억누르려 하지만 잘 되지 않는다.

'…고용주 이외의 어떤 다른 견지에서 그를 생각해선 안 된다고 금하지 않았던가? 자연에 대한 모독이다! 내게 있는 모든 선량하고 성실하고 활발한 감정이 충동적으로 그의 주위를 둘러싸버리고 만다. 이런 기분을 억눌려버려야 한다는 것도 나는 잘 알고 있다. 나는 희망을 짓눌러버려야 한다. 그가 나에 관한 일을 과히 대수롭게 여기지 않는다는 것을 잊어서는 안 돼. 내가 그와 동류라고 말한 것은 사람을 좌우하는 그의 세력이나 사람을 끌어당기는 그의 마력이 내게도 있다는 말은 아니다. 다만 그와 공통되는 취미와 감정을 갖고 있다는 것뿐이다. 그러니까 우리들은 영원히 헤어져 있게 마련이라는 것을 나는 자꾸만 되풀이하고 있어야만 해. 그러나

역시 나는 호흡을 하고 무엇을 생각하고 있는 동안은 그를
사랑하지 않고는 못 배긴다.'

블랑시와 여러 사람들이 에드워드와 교유할 때 에드워드의
의사로 제인도 참여한 자리에서, 블랑시와 그녀의 언니, 어머
니는 가정교사를 대놓고 무시하는 발언으로 제인을 깎아내
린다.

"어머, 제게 미뤄버리지 마세요, 어머니도! 그런 족속 전부
를 들어 한마디로 말씀드리자면 가정교사란 모두 하찮은 인
간들이죠, 뭐."

이러한 일들이 반복될수록 자존심에 상처를 입었을 제인을
더 힘들게 하는 것은 에드워드와 블랑시의 관계였다. 블랑시
는 에드워드에게 노골적으로 관심을 보였으며, 에드워드도 그
에 응하는 것처럼 보였다. 손필드에 방문하는 다른 사람들과
페어팩스 부인까지도 두 사람이 정말 잘 어울리는 한 쌍이라
고 극찬한다. 에드워드는 못생긴 외모를 가진 것으로 묘사되
지만 키가 크고 다부진 몸을 가졌으며, 무엇보다도 몹시 부유
했다. 제인은 블랑시를 질투하지만 그녀와 자신은 비교조차

되지 않는다고 체념하고 블랑시와 에드워드가 결혼한다면 가정교사를 그만둘 결심을 한다.

그런데 정말 놀랍게도 에드워드는 자신이 사랑하는 사람이 제인이며 결혼을 원하는 사람 역시 제인임을 밝힌다. 이후에는 행복한 결혼이 기다리는 것처럼 보였지만 드라마틱하게도 바로 결혼식 도중, 에드워드 로체스터는 이미 결혼했으며 만약 제인과 결혼한다면 이중 결혼의 죄악(불법인 데다 기독교적 시각에서도 역시 죄임)을 저지르게 된다는 것이 폭로된다. 심지어 로체스터 부인의 오빠 메이슨의 입에서 버사 로체스터, 로체스터 부인이 손필드의 지붕 아래 감금되어 있었음이 밝혀진다.

결혼식은 취소되었고 제인은 더할 나위 없이 큰 충격을 받는다. 에드워드는 온 힘을 다해 자신을 변호한다. 로체스터 부인은 미치광이이며 자신은 속아서 결혼했고, 그녀를 진정한 아내라고 생각해본 적도 없으며 자신이 사랑하는 사람은 제인뿐이라고 그는 강변한다. 로우드에서 함양한 놀라운 인내심 덕택인지 제인은 에드워드의 긴 해명을 모두 받아들인다. 또 그에 대한 사랑을 거두지도 않는다. 그러나 그와는 별개로 제인은 떠나겠다고, 떠나야 한다고 말한다. 에드워드는 물론 할 수 있는 모든 말을 다해 그녀를 말리지만 제인은 양심이

시키는 대로 행동하기로 굳게 결심한다.

에드워드가 붙잡지 못하도록 제인은 아무도 일어나지 않은 새벽에 손필드를 떠난다. 거의 챙겨 간 것도 없고 그나마 있는 돈은 마차 삯을 내기에도 부족하다. 게다가 유일한 짐마저 마차에 두고 내리는 실수까지 하여 제인은 그야말로 빈털터리가 된다. 굶주린 제인은 처음 보는 고장에서 하룻밤 재워줄 곳과 일할 곳을 찾지만, 거지꼴인 그녀에게 친절을 베푸는 사람은 없다.

나는 희망을 상실한 마음과 피로에 지친 몸에 어울리는 목소리로, 몹시 낮고 떨리는 소리로, "이 댁에선 하녀를 구하지 않으세요? 하고 물었다.

"아뇨, 우리 집에선 필요 없어요."

"그럼, 혹시 다른 일자리라도 얻을 만한 곳을 가르쳐주시겠어요?…(중략)"

"미안하지만, 알려드릴 만한 곳이 없군요."

설상가상으로 비까지 내려 제인은 그날 밤 아사나 동사할 위기에 놓인다. 목사관 하녀에게까지도 버림받아 문 앞에 쓰러져 있던 제인의 생명을 구한 사람은 세인트 존 목사다.

존 목사의 배려로 간신히 목숨을 부지한 제인은 목사관 사람들(존과 여동생들)과 교유한다. 자매는 지식이 풍부하고 공부에 열정이 있는 사람들로 지적 대화를 할 수 있는 친구를 만난 것을 기뻐한다. 이후 존 목사의 제안으로 제인은 마을학교의 교사가 되며 그 일에 충분히 만족하던 중 두 가지 새로운 사실을 알게 된다. 첫째, 제인과 세인트 존은 먼 친척이다. 둘째, 제인의 숙부가 그녀에게 이만 파운드라는 유산을 남겼다. 그 얘기를 들은 제인은 처음으로 가족이라 부를 수 있는 사람들을 만난 데 감격하며 두 번 생각하지도 않고 유산을 4등분할 것을 주장한다. 다른 세 사람은 그 재산의 권리는 오로지 제인의 것이라며 반대하지만 제인은 끝까지 밀어붙여 자신의 주장을 관철하는 데 성공한다.

인도에 가서 선교사가 되고 싶어 했던 존 목사는 제인에게 아내로서 자신과 함께 인도에 가자고 제안한다. 제인은 깊이 생각해본 후, 남매로서는 갈 수 있지만 부부로서는 갈 수 없다고 답한다. 제인도, 세인트 존도 서로에 대해 남매애 이상의 감정이 없기 때문이다. 그러나 세인트 존은 자신이 택한 사명을 위해서 이미 사랑을 버린 인물이었다. 본인이야 그렇게 살더라도 문제는 제인도 그래야 한다고 주장한다는 것이다. 두 사람은 처음에 팽팽하게 대립했지만 제인이 점차 마음이 꺾

여 결혼을 승낙할까 고민하던 날 밤, 갑자기 환청이 들리고 제인을 찾는 에드워드의 목소리가 들린다.

다음 날 제인은 손필드로 떠난다. 손필드는 폐허가 되어 있었다. 사람들에게 묻고 물어 간신히 제인은 에드워드의 소식을 들을 수 있었다. 로체스터 부인이 불을 냈고, 지붕에서 뛰어내려 자살했으며 에드워드는 그 사건 때 크게 다쳤고 실명했다는 이야기였다. 제인은 곧바로 에드워드를 찾아간다. 에드워드는 앞이 보이지 않지만 금세 제인의 목소리를 알아차린다. 시간이 많이 지나고 상황이 변했어도 두 사람의 애정은 여전하다. 앞이 보이지 않고 혼자 움직이지도 못할 정도로 외상이 남은 상태인 에드워드는 애정을 고백하기를 주저하지만, 제인은 그에 개의치 않고 남은 생애 동안 함께하겠다고 고백한다.

『제인 에어』는 외모가 예쁘지 않은 여성이 스스로의 힘으로 삶을 개척해나간다는 점에서 파격적이면서 혁명적이다. 고생이 끊이지 않는 제인에게 연민을 느낄 수도, 양심을 저버리지 않으면서도 현실에 맞서 싸우는 제인에게서 힘을 얻을 수도 있을 것이다. 『오만과 편견』처럼 여성 서사의 선구자 격 소설이면서 훨씬 더 여성 주체적인 삶을 그려냈다.

물론 비판적으로 읽을 수도 있다. 제인 또한 마지막에는 에드워드 로체스터와 결혼하기 때문이다. 그러나 스스로 자립할 수 있는 역량을 갖추었다는 점에서 엘리자베스와는 차이가 있다(그런데 그것도 스스로의 힘으로 얻은 재산은 아니긴 하다). 또는 제국주의와 인종 담론을 통해 비판적으로 분석하는 시도도 있다. 진 리스Jean Rhys는 『드넓은 사가소 바다』를 통해 『제인 에어』 속 부수적 등장인물로 역할을 다하고 사라진 버사(전 로체스터 부인)를 앙투아네트라는 이름으로 재조명한다. 비유럽 여성인 버사가 왜 미친 여자가 될 수밖에 없었는지 원작에서는 찾아보기 어려운 관점에서 생각해볼 수 있는 작품이다. 페미니즘 비평에서도 원작의 버사 역시 제인을 가로막는 장애물의 역할만은 아니며 버사를 제인의 어두운 분신이라고 보는 관점도 있지만, 이 패러디 작품은 비유럽 여성으로서 버사 자신의 서사를 읽을 수 있다는 점에서 가치가 있다. 혹은 스피박Gayatri Spivak처럼 세인트 존을 동경하고 함께 인도인들을 계몽하고 싶은 제인의 욕망을 주목하면서 샬럿 브론테가 제국주의 이데올로기에 사로잡혀 있음을 지적할 수도 있다. 반면 제인이 제국주의적 가치관을 지닌 인물이기는 하지만 작품 자체는 제인과 버사가 겪는 억압을 공유함으로써 제국주의 이데올로기에 의문을 제기한 후에 제국주의 이데올로기가 재확인된다고 해석할 수도 있다.

하지만 이 글에서 작품에 대한 전문적인 비평을 전개하거나 소개하고 싶은 생각은 없다. 그보다는 조금 더 아마추어의 시각에서 『오만과 편견』의 엘리자베스와 제인, 이 두 인물을 둘러싼 현실을 고려하여 인물들의 삶을 바라보고 싶다.

수동성과 주체성:
개인의 자질 vs 환경과 조건

우선 『오만과 편견』의 엘리자베스와 비교했을 때 『제인 에어』의 제인*은 훨씬 더 주체적인 인물이다. 엘리자베스가 스스로 목적의식을 가지고 행동하는 일은 거의 드러나지 않는다. 그나마 작품에서 가장 적극적이고 주도적인 여성인데도 그렇다. 엘리자베스의 적극성이 가장 두드러지는 사건이 있다면 비를 맞고 감기에 걸린 언니를 간호하기 위해 수 킬로미터를 걸어간 일일 것이다. 그 외에는 대부분 외부 압력에 저항하는 내용으로 주체성을 나타내는 면이 많다. 콜린스의 청혼을 거절하고 어머니의 갖은 설득과 회유에도 넘어가지 않는 부분, 캐서린 영부인이 조카와 만나지 말라고 압박하는데도 굽히지 않는 부분 등이 그렇다.

반면 제인은 로우드를 졸업했을 때부터는 대부분 스스로 결정한 대로 살아간다. 2년 동안 교사로 남은 것도, 교사를 마치고 가정교사 일을 선택한 것도 제인의 선택이었다. 가정교사 일을 구하기 위해 광고를 내고 직접 교장에게 추천서를

***

* 이하 언급되는 '제인'은 모두 『제인 에어』의 주인공을 말한다.

요구하는 행동력도 있다. 그것보다 훨씬 불확실하고 위험한 결정, 손필드를 떠난 것도 본인의 마음속 목소리에 따른 결과였다. 이후 뜻하지 않은 행운으로 많은 재산을 상속받게 되었을 때에도, 제인은 굳건한 태도로 밀어붙여 리버스 남매와 똑같이 나눠 갖게 하는 데 성공한다. 결말의 에드워드와 재회한 일 역시 제인이 그를 찾아간 결과였다.

그렇다면 엘리자베스 이야기 마지막에서 의문을 제기한 것처럼, 엘리자베스는 작가가 생각한 것보다 자기주도적인 면이 거의 없이 결국 가부장제에 순응하고 마는 수동적인 여성상이라는 해석에 만족해야 하는가? 혹은 좀 더 강하게 나가 작품 전반에 걸쳐 주체적인 삶을 살았던 제인 역시 결혼이라는, 당시에는 지금보다도 훨씬 더 남성 중심적이었던 제도에 편입되는 한계를 보여주고 있다고 말해야 하는가?

이미 인용했던 엘리자베스의 친구 샬럿의 말을 다시 한 번 빌려와보자.

> 결혼은 항상 그녀의 목표였다. 결혼이야말로 재산이 적고 교육을 받은 젊은 여성의 훌륭한 인생에의 유일한 발판이 되는 것이었다. 행복에 관해서는 알 수 없더라도 가난은 벗어날 게 틀림없는 것이다. 이것을 얻은 것은 정말 행운이라

는 것을 샬럿은 뼈저리게 느꼈던 것이다.

샬럿은 소설 속에서 평범한 외모에 우둔하다고 서술되어 있지만, 현실을 직시하고 있기도 하다. 샬럿은 이보다 더 나은 남편은커녕 앞으로 또 그녀에게 청혼할 남성이 없을 수도 있다고 생각한다. 샬럿에게 약혼 소식을 들은 엘리자베스는 입 밖으로 샬럿을 비난하는 목소리를 내지는 않았지만 속으로는 그랬고, 샬럿의 결혼 생활이 행복하기 어려울 것이라고 전망하고, 본인도 그렇게 생각한다. 현실적 결혼관을 가진 샬럿에게 결혼은 행복해지기 위한 것이 아니라 불행해지지 않기 위한 것이다. 반면 낭만적 가치관을 가진 엘리자베스는 행복해지기 위해서만 결혼하겠다는 생각을 가지고 있다. 샬럿에게도 똑같은 잣대를 적용하여 결혼 제도에 순응하는 인물이라는 비판을 제기할 수 있을 것이다. 페미니즘이라는 단어도 없던 시대라는 점은 차치하고서라도, 결혼이 서로 사랑하는 두 사람의 결합이어야 한다는 근대적 결혼관에도 들어맞지 않는 결혼이기도 하다. 그런데 샬럿의 선택이 마냥 잘못되었다고만 할 수 있을까? 샬럿의 가정은 부유하지도 않고 샬럿 자신의 외적, 내적인 조건도 두드러지지 않는다고 서술된다. 그 상황에서 콜린스의 청혼은 다시 오지 않을 기회였을 것이다. 독신으로 살려 해도 형편이 넉넉지 않으니 남동생들이 자라서 일을 한다면 그에 기대거나, 샬럿 본인이 일을 해야 할 텐데 그녀가 할 수 있는 일은 아마 바느질 정도일 것이다. 콜린스와의 부부 생활이 그보다 못하다고 할 수는 없다. 오히려 샬럿의 결혼을 좋지 않게 생각했던 엘리자베스가 인정할 정도이다.

…엘리자베스는, 샬럿은 어느 정도 만족하고 있을까 생각하면서, 남편을 교묘하게 조종하는 걸 감탄하고 침착하게 견디는 데엔 탄복을 하는 나머지, 모든 것은 썩 잘되어가고 있다고 인정하지 않을 수 없었다.

반대로 엘리자베스가 다아시와 결혼하지 못했을 경우를 상상해보면, 샬럿의 결혼 생활보다 불행하지 않다고 장담하기는 어렵다. 세인트 존의 여동생 다이애나와 메리가 제인이 나눠주는 유산을 받기 전까지 계획했던 삶을 살펴보자.

다이애나와 메리는 곧 고원의 집을 떠나 영국 남부의 번화한 대도시로, 가정교사로서의 그녀들을 기다리고 있는, 지금과는 아주 판이하게 다른 생활과 환경으로 돌아가게 되어 있었다. 그녀들을 천한 고용인으로 여기고, 그녀들의 천부의 재질을 하나도 알지 못하고, 또 알려고 하지도 않은 채 그녀들이 습득한 재능을 요리사의 솜씨나 하녀의 취미쯤으로밖에는 평가하지 않는 거만하고 부유한 귀족들이 있는 곳에서 일자리를 갖게 되는 것이었다.

귀족들이 가정교사를 어떻게 생각하는지는 제인 이야기에서 블랑시와 가족들의 견해를 참고해 알 수 있다. 엘리자베스가 독신으로 남았다면 이와 같은 처지가 되었을지도 모른다. 엘리자베스가 샬럿을 비난하기 어렵다면 우리들 또한 엘리자베스를 비난할 수 없다. 엘리자베스가 아무리 똑똑하다 한들 개인이 사회 구조상의 한계를 넘어설 수는 없다. 다아시와의 결혼을 거부해 주체적인 여성으로서 남는다면 엘리자베스에게 다이애나나 메리보다 나은 길이 있을까? 페미니즘 운동의 선구자가 되었을지도 모르지만, 우리는 혁명가를 존경할지언정 자신의 행복을 포기하고 혁명가가 되지 않았다고 비난할 수는 없다.

엘리자베스보다 주체적이라 평가되는 제인과 비교해보아도 그렇다. 제인의 주체성은 로우드에서 템플 선생과 헬렌에게 많은 것을 배워서 얻은 것이기도 하지만, 또한 혼자시 살아갈 수밖에 없었던 환경 때문이기도 하다. 하인을 쓸 수 있을 정도로 넉넉한 젠틀리 계급 가정의 엘리자베스와 고아나 다름없는 처지의 제인은 주어진 환경부터 다르며, 주체성을 발휘할 필요나 기회도 큰 차이가 있다. 제인, 엘리자베스, 샬럿의 순으로 주체성의 강도가 정해지는 것이 단지 개인의 성향이나 능력 때문이 아니라 환경과 조건 때문일 수도 있다는 것이다. 또 엘리자베스가 제인이나 샬럿에 비해 진정한 사랑에 대한 로망(낭만)을 간직할 수 있었던 것은, 어느 정도 재산이 있는 젠틀리 계급의 딸이었고 외모와 교양 등 충분히 남성의 사랑을 쟁취할 경쟁력이 있기 때문일 수도 있다. 삶을 이어나가기 바쁜 제인이나 남성의 눈길을 끌 내외적인 매력이 없다고 자각하는 샬럿에게는 그런 로망이 남아 있지 않다.

게다가 제인 역시 사회 구조상의 문제를 근본적으로 해결하지는 못한다. 다아시에게 경제적으로 의존할 수밖에 없는 엘리자베스와 달리, 제인은 에드워드의 도움이 없어도 자립할 수 있는 경제적 능력을 획득하지만, 그것은 제인에게 유산을 남긴 숙부 없이는 불가능했다. 결국 자본을 가진 남성에 의존했다는 점에서 제인 역시 개인의 한계를 넘어서지는 못한다.

결국 『오만과 편견』과 『제인 에어』를 단지 여주인공이 왕자님을 만나 행복한 결말을 맞는 로맨스 소설의 전형이나 자수

성가한 여성의 성공담으로만 읽는 데는 한계가 있다. 또한 시대적 배경을 고려하지 않은 채 현대의 잣대로 소설 속 인물들을 비판하는 데도 한계가 있다. 당대에 실재했던 사회적 조건들과 실존했던 여성들의 삶을 고려한다면, 여성들 앞에 가로막힌 제도와 관습, 교육 등과 상호작용하며 살아가고 살아갈 수밖에 없었던 여성들의 인생이 나타난다. 그럼으로써 이들 내러티브가 가진 의의를 더 발견할 수 있다.

누가 이들을 벌할 수 있으리

지금까지 『오만과 편견』과 『제인 에어』의 주인공 두 사람의 삶을 비교하며 사회 구조상의 모순을 해결할 수 없는 개인의 한계를 드러내려 했다. 가능하다면 각 작품의 주변인물인 샬럿, 엘리자베스의 자매들, 블랑시, 버사 등의 삶도 다루고 싶었으나 지면과 역량의 한계로 제대로 다루지 못한 점이 아쉽다.

탈코르셋 운동*은 페미니스트들 사이에서도 꽤 격렬한 논쟁이 벌어지는 주제이다. 코르셋의 범위를 어디까지 설정해야 하는지부터 탈코르셋 운동이 역으로 여성들을 억압한다는 주장까지 다양한 시각이 나오고 있다. 운동이 확산되고 열기가 과열되면서 탈코르셋 운동에 동참하지 않는 여성들에 대한 강도 높은 비난의 목소리도 있는 상황이다. 나는 탈코르셋 운동은 저항과 해방의 성격을 동시에 띠고 있고, 사회적으로

* "요즘엔 여성에 대한 사회적 억압인 '현대판 코르셋'에 비판적인 이들이 늘어나고 있다. 코르셋처럼 사회가 요구하는 여성의 아름다움에 얽매이지 않겠다는 의미에서 탈(脫)코르셋 운동이다. 화장을 지우고 렌즈 대신 안경을 쓰며 편한 속옷을 입고 긴 머리를 짧게 자른다. 예쁘게 보이기 위한 외모 단장을 '꾸밈 노동'이나 '꾸밈 노역'으로 부르면서 타인의 시선이나 무언의 압박에서 자유롭고 싶어 한다. 인스타그램 등 소셜미디어에는 탈코르셋 해시태그(#)를 달고 부서진 화장품 사진이나 짧은 머리 사진 같은 인증샷들이 올라온다. "다른 사람이 된 것 같다. 자유롭다" "머리를 자르고 나서 '이게 나구나'란 해방감을 느꼈다" 등의 반응이 나온다." (「탈코르셋 운동」, 분수대, 중앙일보에서 발췌)

유의미하다고 생각하지만 그 운동에 참여하지 않는 사람들에게 비난의 화살을 돌리는 것에는 동의할 수 없다. 화장을 하지 않고 출근해서 일자리를 잃은 아르바이트생에게 탈코르셋 운동은 그 자체로는 어떠한 보상도 해주지 못한다. 사람들이 적대하거나 무시할까 봐, 매일 아침 화장을 하고 다니는 사람들을 비난할 수는 없다. 운동을 위해 연대하는 것은 힘이 있고 반드시 필요하다. 그러나 연대는 맨얼굴로 출근했기 때문에 해고했다는 점주의 말이 부당해고 사유에 포함된다는 점을 지적해서 합당한 보상을 받을 수 있도록, 그런 일이 발생하지 못하도록 함께 싸우는 것이지 함께 운동하지 않는 사람들을 적대하기 위한 것이 아니다.

엄밀히 말해 우리는 다른 누구와도 같은 삶을 살 수 없고, 어떤 사람도 다른 사람의 삶을 미리 체험할 수는 없다. 사람들은 그 사람이 걸어온 길을 완전히 알지도 못하면서 그 사람에 대해 함부로 평가하고 충고하고, 때로는 비난하기까지 한다. 이 모든 것이 무익하고 무의미하다고 할 수도 없지만 그런 것들이 그 사람에 대한 몰이해에서 비롯된 것은 아닌지 돌아볼 필요도 있다. 일자리를 잃을지도 모르는 위험을 감수하라고 종용하는 그 사람은 당장 내일 일하지 않으면 굶어 죽는 처지에 있을지도 모른다. 엘리자베스가 샬럿을 비난

했던 사고의 흐름을 따라가면 더 나은 사람이 되지 못했다는 책임을 모두 개인이 지게 하는 방식이라는 것을 알 수 있다. 우리가 개인에게 모든 책임을 돌리는 사람도, 그 책임을 온전히 져야 하는 사람도 되지 않기를 바란다.

개인을 공격하는 것은 너무나도 쉽다. 반면 사회 구조나 제도, 관습 등은 발견하는 것도 어렵고 공격하는 것은 더 힘들다. 어려운 길을 찾지도, 가지도 못해서 쉬운 길로만 빠지지는 않았는지 반성해볼 일이다. 모두가 이 사회를 바꾸려고 노력해야 한다고까지 말할 수는 없다. 삶에 불만이 없거나 나서서 행동하기 싫을 수도 있으니까. 그러나 편하게 앉아서 다른 사람을 깎아내리기 전에 조금 더 차분하게 숙고해보기를 권한다. 누구를, 혹은 무엇을 탓해야 하는가.

참고문헌

권희진, 「『오만과 편견』에 나타난 여성의 삶과 결혼의 유형」, 경성대학교 교육대학원 석사학위논문, 2009.

김주연, 「아이러니에 의한 『오만과 편견』 분석」, 목포대학교 교육대학원 석사학위논문, 2002.

박희진, 『페미니즘 시각에서 영미소설 읽기』, 서울대학교 출판부, 2002.

샬럿 브론테, 『제인 에어』, 강두식 외 편, 중앙출판사, 1997.

이정호, 『페미니즘과 영미문학 읽기』, 서울대학교 출판부, 1996.

이혜진, 「재현된 여성들: 『제인 에어』와 『드넓은 사가소 바다』」 『여성연구논집』 22호, 2011.

제인 오스틴, 『오만과 편견』, 강두식 외 편, 중앙출판사, 1992.

로맨스, 전복의 가능성을 묻다

_손진원

로맨스 독자는 사랑의 노예?

1990년대는 도서대여점 부흥기였다. 방과 후 집으로 돌아가는 길목에는 책방이 두어 군데 자리잡고 있었다. 유혹을 이기지 못한 나와 친구들은 한 권당 몇 백 원하는 돈을 내고 만화책과 소설을 빌려 읽었다. 판타지, 로맨스, 추리, 무협⋯. 그때 빌려본 소설들은 대부분 장르문학으로 분류되는 시리즈물이었다. 대여점 책장 한쪽에 가득 채워져 있던 장르소설들은 책장 넘기기도 바쁠 정도로 흥미진진했다. 학교에서나 집에서나 손에 잡히는 대로 모조리 읽어댔던 것 같다. PC게임도 한창 유행일 때라 주말마다 컴퓨터 앞에 앉아 있었고, 게임 캐릭터를 가지고 패러디 소설을 쓴 적도 있다. 따지고 보면 내가 가지고 있는 문학에 대한 열정 대부분은 바로 이때, 장르를 즐기던 학창 시절에 생겨난 것이라 말할 수 있겠다.

우리는 만화, 장르소설, 게임, 애니메이션 등을 '하위문화' 혹은 '서브컬처'라 부른다. 학교 교과과정에서 만나게 되는 소위 '순수문학'과 다르게, 장르소설을 비롯한 이야기 기반의 콘텐츠contents들은 정통적인 위상을 가지고 있지는 않아도, 가볍게 즐길 수 있다는 장점 덕분에 든든한 마니아층을 확보하고 있다. 취향이라는 것이 으레 그렇듯, 성별이나 연령별, 개인

별로 흥미를 느끼는 지점은 다양각색이다. 그렇지만 서브컬처 계에서는 이런 취향을 성별로 가름하여 '여성향', '남성향'이라는 말로 작품의 성향을 나누곤 한다. 보통 무협은 나의 아버지 나이 또래인 1950~1960년대생 남성들이 즐겨 읽는다고 여겨지는 반면, 나와 같은 젊은 세대의 여성들은 무협을 생소하게 느끼거나 어려워할 가능성이 높다. 따라서 무협은 대체로 남성향, 그리고 어느 정도 연령층이 있는 사람들이 즐기는 장르로 받아들여지기 마련이다.

이 글에서 다루게 될 로맨스는 여성향으로 알려져 있다. 세대에 상관없이 여성이라면 누구나 즐겨 읽는 장르로 일컬어지는 로맨스는 요 근래 '웹소설'이라는 매체의 등장으로 큰 부흥기를 맞이했다. 얼마 전 tvN에서 종영한 드라마 〈김비서가 왜그럴까〉를 떠올려보자. 최고 시청률 8.7%로 막을 내린 이 작품의 원작은 2013년 종이책으로 출간되고 인터넷으로도 연재가 되었던 동명의 로맨스다. 가장 성공한 웹소설 중 하나인 『구르미 그린 달빛』은 누적 조회수 5000만 건을 넘었고, 원작을 바탕으로 한 드라마는 한 달 유료보기 매출이 11억 원을 돌파했다. 웹소설, 특히 로맨스 웹소설이 상업적·대중적으로 큰 성공을 거두면서 로맨스에 대한 관심도 꾸준하게 늘어나고 있는 추세다.

학창 시절 서브컬쳐 콘텐츠를 즐겼던 나는 이런 현상이 마냥 반가우면서도, 직업의식이 발동한 모양인지(?) 궁금한 것이 날로 늘어나고 있다. 이를테면 대부분의 여성향 콘텐츠가 왜 사랑이나 연애 이야기를 주로 다루는지 말이다. 여성들이 즐겨 읽는다는 순정만화, 할리퀸, 로맨스 소설 모두 사랑 이야기다. '오토메'라는 여성향 게임 장르 역시 다수의 남성 캐릭터를 공략하는 연애 시뮬레이션이다. 마치 여성향 안에는 사랑이 필수 요소인 것처럼, 죄다 '연애' 일색이다.

사실 인간에게 '사랑'이라는 감정은 꽤나 중요한 것으로 여겨지고 있다. 사랑은 매우 보편적인 정서요, 만고불변의 가치를 지닌 것이니까. 생판 모르는 남과 내가 연대를 이룰 수 있게 하는 강력한 힘이니까. 게다가 요즘처럼 혐오가 만연한 시대에 누군가를 사랑한다는 건 정말 쉬운 일이 아니다. 그러나 사랑이 얼마나 중요한지 아무리 강조를 해도, "사랑 이야기가 왜 하필이면 여성들에게 과잉되어 나타나는가"에 대한 대답을 해주지는 않는다.

이 물음에 대해 나름대로 대답을 내려보았다. 그동안 사회적으로 사랑이 매우 중요한 가치라고 자주 일컬어졌지만, 나는 사실상 사랑의 가치가 폄하되었다고 생각한다. 그렇기 때문에 사랑을 다룬 이야기 역시 '(부정적인 의미를 가지고 있는)

통속적인' 것으로 여겨진 것이라 설명 할 수 있다고 본다. 한국에서 문단 중심의 문학 장이 배격하던 것, 즉 '여성적인 것=감성적·감정적인 것=사적인 것'은 점차 주류가 되지 못하고 서브컬처 여성향 콘텐츠의 전유물이 되고 만 것이다.

사실 여성의 권리 신장을 위해 문화 콘텐츠를 비판하는 이들 중에서는, "여성들이 사랑 이야기에 너무 매몰되어 있다"고 말하기도 한다. 맞는 말이다. 지금보다 훨씬 다양한 여성 서사가 등장해야 하는 것도 맞다. 그렇다고 해서 "연애하는 이야기는 허무맹랑하다, 로맨스는 지양되어야 한다"는 주장까지 나가는 건 옳지 않다. 그렇게 말하는 이들 역시 사랑 이야기를 너무 가벼운 것으로 치부하는 것이 아닌가?

나는 적극적으로 사랑 이야기를 자세히, 의미화하여 읽어보아야 한다고 제안하고 싶다. 특히 지금까지 문학 장 안에서 가장 통속적인 것으로 손가락질 받아왔던 장르인 로맨스를 소개하고, 여성과 문학에 대해 새로운 시각을 제시하는 것이 이 글의 목표다. 로맨스가 여성을 사랑의 노예로 종속시키는 텍스트가 아니라면 그 나름의 의미를 읽어주어야 할 것이다. 따라서 첫 번째 장에서는 이 안에 담겨 있는 사랑의 의미가 무엇인지, 왜 여성들이 사랑을 콘텐츠로 소비하게 되었는지 이야기해보고자 한다. 두 번째 장에서는 한국에서 장르소설 로맨스가 어떻게 받아들여졌는지 역사를 짚어본 뒤, 지금 현재 로맨스 소설이 가지는 의미가 무엇인지 살펴볼 것이다.

'로맨스'는 단순한 '사랑 이야기'가 아니다

사랑을 표현하는 이야기는 아주 오래전부터 있어왔다. 한국에서 가장 오래된 서정시로 알려진 〈황조가〉는 무려 기원전 17년에 지어진 노래다. 사랑하는 여인을 떠나보낸 유리왕이 정답게 놀고 있는 두 마리의 꾀꼬리를 보며 외로움을 토로하며 시를 지었다는 비화는 아주 유명하다. 이런 사랑 노래가 비단 한국에만 있었을까. 다종다양한 문명권의 옛 이야기들 속에서 우리는 연인들의 애환과 열렬한 사랑을 읽어낼 수 있다.

옛날 사람들만 사랑 이야기를 한 게 아니다. 지금 우리는 무수히 많은 사랑 이야기를 접할 수 있다. K-팝의 가사 대부분은 사랑 이야기와 관련이 있다. TV 연속극을 틀어보면, 한국 영화는 물론 할리우드 영화 속 주인공들은 사랑을 하지 못해 안달이다. 하물며 재난 영화 속에서도, 각종 위험 속에서 두 남녀 주인공은 꼭 키스를 하며 서로의 마음을 확인하지 않던가. 문학에서도 남녀 간의 사랑이 등장하지 않으면 이야기가 진행되지 않을 정도다. 이런 사랑 이야기와 장르문학으로서의 로맨스 소설은 어떤 차이점이 있을까?

'로맨스'라는 단어는 사실 매우 광범위한 의미를 지니고 있다. 여기서 우리는 광범위한 로맨스와, '(장르로서의) 로맨스'를 구분 지을 필요가 있다. 일반적으로 이야기하는 사랑 이야기(광범위한 로맨스)와 다르게, (장르로서의) 로맨스는 여성향 콘텐츠로 분류되는 만큼 일부 마니아만 즐기는 특수한 문학이다. 다른 장르소설과 마찬가지로 로맨스 역시 나름대로 규칙이 존재한다. 예컨대 추리소설 마니아라면 모두 다 알고 있는 규칙('범인과 피해자와 그것을 추리해나가는 인물이 등장한다', '범인은 작품 초반에 등장해야 한다' 등등)처럼, 로맨스 소설의 마니아들끼리 공유하고 있는 규칙이 존재하는 것이다.

로맨스의 규칙 중 가장 기본적인 것은, "두 명의 남녀가 낭만적 사랑을 이루는 과정을 중점적으로 다룬 이야기"라는 것이다. 두 남녀 간 사랑이 메인 스토리고 모든 이야기의 목적인 경우에만 로맨스로 분류할 수 있다. '사랑을 이룬다'는 말에서 알 수 있는 것처럼, 로맨스의 결말은 해피엔딩이어야 한다. 재난 영화 속에서 아무리 남녀 주인공이 사랑을 확인한다고 해도 재난이 끝나야 엔딩 크레딧이 올라가는 것처럼, 로맨스는 남녀 간 사랑이 완성될 경우에 끝이 난다.

로맨스의 규칙 중 기본이 낭만적 사랑의 성취라고 했는데, 도대체 이 '낭만적 사랑Romantic Love'이라는 것은 무엇일까? "낭만적이다"라는 말을 했을 때 떠오르는 이미지들을 곱씹어보자.

논리적이거나 정돈된 이미지이기보다는 감정적이고 감성적이며, 때로는 격정적이고 불확실한 것이라 할 수 있다. 그래서 낭만적인 사랑이라 하면 상대방과의 관계가 논리적으로는 해명되지 않는, 따뜻하거나 열정적인 감정의 교류로 이어져 있을 것이라 예상할 수 있겠다.

더 쉽게는, 결혼식을 올리는 한 쌍의 신혼부부를 떠올려보면 낭만적 사랑이 어떤 성격을 가지고 있는지 확실히 알 수 있을 것이다. "검은 머리 파뿌리가 될 때까지" 사랑하겠다는 선서와 두 눈에 깊이 자리한 믿음, 다른 사람들의 축하 인사를 받으며 두 명의 남녀가 부부로 "하나가 되었다"고 세상에 공언하는 것이 결혼식이지 않던가? 사랑의 결실이 결혼이라는 맹약으로 체결되고, 따뜻한 가정을 이루는 것이 낭만적 사랑의 결말이라고 할 수 있다. 그래서 '낭만적 사랑의 성취'를 목표로 하고 있는 로맨스의 결말은 영원히 서로를 사랑하겠다는 두 남녀 주인공의 마음의 확인과, 그것을 사회적으로 공인할 수 있는 결혼식 장면으로 주로 끝이 난다. 그리고 대체로 에필로그에서 결혼 이후에도 행복하게 살았다는 증거로 두 사람의 아이가 등장하기 마련이다.

흥미로운 점은, "사랑해서 결혼한다"는 공식이 문화적으로 그리 오래된 현상이 아니라는 것이다. 옛 문학작품을 읽어보거나 연배 지긋하신 어르신들께 여쭤보면, 과거에 사람들은 본인의 의사와 상관없이 생판 모르는 남과 결혼했던 것을 확인할 수 있을 것이다. 상대방과 연애를 하다가 결혼을 약속하는 식의 문화 현상은 꽤 최근에 발생한 것이다. 유럽에서는 18세기 말, 19세기 초에 '낭만적 사랑'이라는 개념이 생기면서 비로소 "사랑해야 결혼한다"고 믿게 되었고, 한국에는 개화기 이후 1920년대 초에 들어서야 '낭만적 사랑'의 개념이 지식인들에게 받아들여졌다.

갑자기 '낭만적 사랑'이라는 현상이 나타나게 된 이유는 무엇일까? 질문에 대한 대답을 위해 우리는 18세기 유럽에서 일어난 근대화 과정을 떠올려야 한다. 18세기 이전만 해도 사람들은 대부분 집 앞에 있는 밭을 일구며 먹고살았다. 농사에는 많은 노동력이 필요하다. 사람들은 아이도 많이 낳고, 대가족을 이루며 살았다. 특히 농업 시대에 결혼은 경제적인 요인에 따라 행해졌다. 가부장사회 속에서 가족의 모든 중대한 결정은 아버지의 권위 아래에 있었다. 가부장의 권위적 질서를 깨뜨리고, 개인의 감정적인 동요로 쉽사리 결혼을 결정할 수는 없었다. 한 사람의 사사로운 마음이 아닌, 가문과 가문 사이 경제적인 이득에 따라 결혼이 좌우된 것이다.

그런데 18세기 중반, 영국에서부터 산업혁명이 일어나 전유럽에 새로운 물결이 일어나게 되었다. 일대의 기술혁신과 함께 사회와 경제의 구조적인 변혁을 맞이하게 된 것이다. 물품을 생산하는 공장이 세워지고, 도시화가 진행되었다. 집 앞에서 밭을 갈던 아버지들은 더 많은 돈을 벌기 위해 공장으로 일터를 옮겼다. '바깥양반'이라는 말이 있는 것처럼, 남자들은 일을 하러 집 바깥으로 나갔고 여성들은 집안에 남아 가정을 꾸렸다. 집안을 통제하던 가부장의 권위가 어머니에게 옮겨진 것이다. 그러면서 '아버지의 역할'과 '어머니의 역할'이 마치 따로 있는 것처럼, '남성의 역할'과 '여성의 역할'이 점점 분리되기 시작했다. 바깥 일, 즉 공적 영역은 남성이 주로 맡고 집안에서 일어나는 일들은 사적 영역이라고 부르며 여성이 담당하는 것으로 인식이 굳어졌다.

이런 변화 속에서 '가정'이라는 공간은 매우 중요한 곳으로 여겨지게 되었다. 가정은 매우 사적인 공간, 특히 바깥에서 일을 하고 돌아온 가부장이 휴식을 구할 수 있는 공간이 되어야 했다. 가정은 이제 감정적 교류가 원활히 이루어지는 공간이 되었다. 집안의 질서를 잡는 일을 담당하게 된 여성은, 사적 영역을 담당하는 사회적 역할을 부여받았다.

완벽한 가정을 만들기 위해, 남성과 여성은 서로 뜻이 맞는 이들과 맺어지길 소망했다. 바로 이 과정에서 '낭만적 사랑'이라는 개념이 등장한 것이다. 육체와 영혼이 하나가 될 수 있을 정도로 서로를 믿을 수 있는, 유일무이한 상대방을 찾기 위해 남성과 여성은 부단히 연애의 과정을 겪게 되었다. 가문과 가문의 약속이 아닌, 사사로운 감정을 통해 비로소 두 남녀의 결합이 가능해진 것이다. 이렇게 달라진 사랑의 풍습을 반영하고 있는 것이 바로 로맨스라 할 수 있다. 특히 가정의 담당자가 된 여성에게 사회에서 용인하는 사랑의 모습은 결혼과 연관되어 있었다. 그렇기 때문에 로맨스의 이야기 구조가 가지는 판타지를 가장 잘 받아들일 수 있는 이들 대부분은 여성이었다.

'나의 마음'을 가장 잘 아는 소울 메이트와 평생 행복하게 사랑하며 살 수 있다는 것! 매우 달콤하고 아름다운 주문처럼 느껴지지만 우리는 이것이 얼마나 어려운지 이미 잘 알고 있다. 평생 사랑하기로 약속한 결혼이 깨지는 것은 다반사다. 이혼율이 급격히 오르다 못해 이제는 결혼조차 하지 않거나 못하는 세상이 되어가고 있다. 상황이 이렇게 되자, 사람들은 낭만적 사랑의 개념에 대해 의문을 가졌다. 한 사람과 평생 같이 산다는 것이 정말 가능한 일일까? 결혼을 하고 난 뒤, 다른 한 사람이 죽으면 그 가정은 반쪽짜리인 것일까? 아이가 없는 가정이 있을 수도 있지 않은가? 애초에, 꼭 남자와 여자 둘이서만 사랑해야 가정이 만들어지는 것일까? 남자끼리, 혹은 여자끼리, 아니면 둘 이상의 파트너와 사랑할 수도 있지 않은가? 사랑 없이 혼자도 살 수 있지 않은가?

낭만적 사랑의 가능성뿐만 아니라, 성별의 역할이 분리된다는 생각 역시 많은 의문을 불러일으켰다. 페미니즘은 이런 문제들에 의문을 다수 제기했으며, 우리의 인식을 많이 바꿔놓았다. 이 과정에서 낭만적 사랑 자체가 잘못이라 비판하는 이들이 존재하기도 했다. 그러나 사랑 자체가 가지고 있는 전복성을 우리는 알아두어야 한다. 이데올로기화된 낭만적 사랑이 아닌, 그 안에 있는 사랑 자체의 성격을 떠올려보자. 사랑은 경계를 무너뜨리는 파괴적인 힘을 가지고 있다.

앞에서 낭만적 사랑에 대한 관계를 설명할 때, 상대방과 나의 영혼이 만나고 서로 정신적인 대화를 나눌 수 있는 것이라 정리했다. 사실 이것은 사랑이 가지고 있는 평등주의 혹은 경계를 넘는 힘을 전제하는 것이다. 사랑은 결국 여성이나 남성과 같은 성별을 떠나서 모든 권위의식이나 상하관계를 뒤엎어버린다. 즉, 가부장제와 같은 억압을 안에서부터 뒤집어 젠더적 불평등을 해소하고 두 남녀가 연대할 가능성을 제시할 수 있는 것이다.

그러나 역사적으로, 전복의 가능성과 별개로 여성들은 사랑 때문에 고통을 많이 받을 수밖에 없었다. 가부장제의 잔재가 남아 있는 한, 여성들은 계속해서 가정의 담당자라는 수식어가 꼬리표처럼 따라다닐 것이다. 여성의 사회적인 역할이 계속해서 사적 영역과 관련된다면, (낭만적) 사랑에 대한 문제 역시 모조리 여성만의 것으로 전유될 가능성이 높다. 이를테면 결혼한 남자가 바람을 피우는 것에 대해 "아내가 가정을 잘 꾸리지 못해 남편이 바깥으로 나도는 것이다"는 말이 나오는 것처럼 말이다.

여성은 낭만적 사랑의 수호자로 여겨졌다. 그렇기 때문에 사랑에 대해 상대적으로 더 고민할 수밖에 없었다. 남녀 사이에서 무슨 문제가 발생하든지 모든 혐의의 화살이 여성에게 돌아갈 가능성이 높기 때문이다. 사랑에 대한 여성의 고민과 욕망을 충족시키는 것이 바로 로맨스다. 물론 여성의 고민과 욕망이 과연 여성 본인의 것인지, 아니면 사회가 요구하는 것인지 의견이 갈릴 수 있다. 여성들은 "사회가 바라는 여성의 역할을 굳이 할 필요가 있을까?"라며 저항하는 마음을 가지는 한편, "사회가 바라는 여성의 모습을 어느 정도 갖추어야지. 흠이 잡히는 것보다는 훨씬 나으니까"라는 생각 모두 가지고 있을 것이다. 이럴 때 로맨스는 두 입장 모두를 포용한다. 때로는 여성에 대한 사회의 시각에 대해 저항하는 장면을 그려내면서도, 손가락질 받을 수 있을 만한 대목에 대해 면피하는 설정이 등장하기도 한다. 물론 어떤 작품은 좀 더 저항적인 태도를 밀고 나가는 경우가 있는 반면, 어떤 작품은 보다 사회 요구에 들어맞는 내용으로 이루어지기도 한다. 로맨스에서 어떤 부분을 더 선호하는지 선택의 문제는 언제나 독자에게 달려 있다.

앞에서 누누이 로맨스가 여성향 콘텐츠라고 설명한 바 있다. 여성향, 즉 여성취향이라는 말을 우리는 적극적으로 해석해야 한다. 로맨스는 사랑의 문제에서 여성에게 이로운 내용을 담고 있다. 사회의 요구와 여성 본인의 요구 중 어느 쪽이 이로운 내용인지는 독자마다 다른 결정을 내릴 테지만, 어쨌거나 로맨스는 이 둘 모두를 포용하고 여러 가지의 선택지를 내놓는다. 그리고 현실의 삶에서 이루어내기 힘든 사랑을 가상의 이야기 틀 안에서 구현해내는 역할을 한다. 사랑에 대한 여성의 욕망을 소설을 통해 풀어내는 것이다.

로맨스는 남녀 사이의 관계를 다루기 때문에 젠더 권력의 문제를 비유적으로, 때로는 직접적으로 보여준다. 두 명의 남녀가 만나 밀고 당기는 연애의 과정-관계 자체는 사실 굉장히 사회적이고 정치적인 부분을 건들고 있다. 애초에 사회가 기울어진 운동장인데, 상대방을 대할 때의 여성의 시각과 남성이 시각이 다르지 않겠는가? 비록 결말 부분에서는 사랑에 빠진 두 남녀가 젠더 차이를 극복하고 연대를 이루며 행복한 삶을 살게 되겠지만, 로맨스는 철저히 여성의 편에 서서 두 사람의 사랑을 방해하는 갈등 요소들을 제어한다. 즉, 여성이 사랑을 할 때 부딪히게 될 사안들에 대해 여성적 시각에서 문제를 해결하고 남녀 사이의 관계를 조정하는 것이다.

이러한 연유로, 로맨스는 서브컬처 내 또 다른 여성향 콘텐츠인 'BL(Boy's Love)'이나 'GL(Girl's Love)'과 함께 이야기하기 애매한 경향이 있다. 서브컬처 내 여성향 콘텐츠를 거론할 때, 많은 사람들이 '팬픽'이나 '야오이', '후죠시'의 경우를 묻는 경우가 많다. 그러나 나는 BL과 GL 그리고 로맨스를 조금 다른 결에서 따로 이야기해야 한다고 생각하는 편이다. BL과 GL은 동성 간의 낭만적 사랑을 보여주는 장르로, 우리가 다루려고 하는 로맨스와는 다른 역사적 토대 위에서 성장하였다. 이 두 장르는 주로 일본 서브컬처 문화가 한국에 이식되고, 팬픽 문화와 함께 성장한 이력을 가진다. 특히 다수의 BL 콘텐츠는 시스젠더 헤테로* 여성을 위한 콘텐츠인 만큼 퀴어

---

* '시스젠더(cisgender)'란 타고난 생물학적 성과 성적 정체성이 동일한, 혹은 일치한다고 생각하는 사람이다. 트랜스젠더(transgender)의 반대 개념이다. 헤테로 혹은 헤테로섹슈얼(heterosexual)은 이성애를 뜻한다.

의 사랑을 리얼하게 담고 있다고 보기는 어렵다.* 독자들은 일차적으로 로맨스가 가지고 있는 문제의식인 '남녀 사이의 사랑과 권력의 문제'에서 빗겨나가 다른 무언가를 충족시키기 위한 목적으로 두 장르를 소비하고 있기 때문에, BL과 GL은 로맨스(BL과 GL 진영에서는 로맨스를 HL, 헤테로 러브_Hetero Love라는 말로 지칭하기도 한다)와는 조금 다른 층위에 있다. 언뜻 보면 같은 낭만적 사랑을 다루는 듯 보일지라도, 실상 각각의 장르를 소비하는 독자들끼리는 서로 배타적인 성향이 있다.

위의 이야기들을 종합하자면, 로맨스는 여성 보상의 이야기다. 로맨스는 낭만적 사랑에 관한 동시대 여성들의 고민과 욕망을 해소하였으며, 남성과의 관계와 가부장제 사회에 대한

---

*   그렇다면 여성들은 왜 BL을 소비하는가? 로맨스가 그려내는 이성애 관계와 다르게 BL은 동등한 성별 사이의 관계를 그려낸다. 세계관을 따로 구축하지 않는 이상, 로맨스는 현대 사회의 남녀 간 젠더 위계와 그 위계에서 나타날 수 있는 직·간접적인 차별과 혐오를 답습할 가능성이 높다. 그래서 BL과 같이 동등한 성별 사이의 관계를 그려넘으로써 이 문제를 뛰어넘을 수 있겠다는 추측을 할 수도 있다. 그러나 성별이 동등하다고 위계가 사라지는지는 의문이다. 특히 BL 장르에서는 주인공들의 성애 관계를 '공과 수', '탑과 바텀'으로 구분하여 이야기한다. 쉽게 말하자면 '삽입하는 이와 삽입당하는 이'로 나누어서 생각하는 것인데, 이 과정에서 두 사람의 관계를 남성성과 여성성의 이분법으로 이해하는 경향이 있다. 더불어 '오메가버스' 세계관을 차용해 두 사람 사이에서 임신이 가능하다는 서사가 등장하는 등, 실제 현실에서 보편적이라고 규정되어버린 '이성애 섹슈얼리티'를 보다 적극적으로 보여주기도 한다. 즉, 젠더적 위계에서 빚어질 수 있는 불편함에서 멀리 떨어져서 동등한 성별의 성애를 즐기되, 그것을 이해하는 방식은 이성애 섹슈얼리티의 메커니즘과 크게 다르지 않은 것이다.

여성 나름의 타협과 이상향을 그려놓았다. 여성들은 로맨스를 통해 사회가 요구하는 낭만적 사랑의 성취를 맛볼 수 있다. 그 과정에서 남성과의 관계에서 일어날 수 있는 갈등 요소를 해소하고, 여성 자신이 바라는 여성성의 조건을 만족시킨다. 현실에서 겪는 어려움을 소설 속에서 극복해냄으로써 실제로는 받기 힘든 보상을 쟁취하게 되는 것이다. 물론 시대별로 여성들의 생각과 고민은 조금씩 다를 수밖에 없다. 그것이 어떻게 변화되었는지는 다음 장에서 알아보도록 하자.

대한민국 로맨스 성장기

해적판 '할리퀸 문고본'의 등장

한국에서 로맨스는 언제 처음 등장했을까? 로맨스는 해외에서 수입되었는데, 그 시작은 생각보다 꽤 오래전으로 거슬러 올라가야 한다. 1970년대, '삼중당'이라는 출판사가 '삼중당문고'라는 이름으로 문고본 전집을 펴내기 시작했다. 삼중당은 1979년 12월 '하이틴 로맨스'라는 이름으로 10대 후반의 여성 청소년을 대상으로 한 로맨스 소설을 문고본으로 내기 시작했다. 이 '하이틴 로맨스'는 '할리퀸Harlequin'이라는 캐나다 회사에서 발간한 문고본 로맨스를 번역 출간한 것이었다. 정식으로 판권을 사들여 번역한 것은 아니었고, 일본에서 번역된 시리즈를 중역해 펴냈다.

1949년 설립된 할리퀸은 여러 종류의 로맨스소설을 출간하다가 영국의 '밀스 앤 분Mills & Boon'에서 출간된 로맨스 소설들을 번역하며 큰 인기를 얻었다. 1970년대 초에는 슈퍼마켓과 백화점에서 책을 팔기도 했는데, 특히 주부들이 가정용품을 사면 책을 한 권 공짜로 선물하여 다른 시리즈의 책을 구매하도록 유도하는 마케팅을 펼쳤다. 이런 마케팅 덕분에 할리퀸의 인기는 크게 치솟아, 1975년에는 밀스 앤 분 출판사를 인수하기도 했다. 1970년대 중반, 할리퀸 출판사의 매출액의 70%는 캐나다가 아닌 미·서구 다른 지역에서 들어왔다. 1990년대 이후부터는 100개 이상의 나라에서, 30개가 넘는 언어로 번역되어 전 세계에 널리 출판되고 있다. 워낙 인기가 많아지다 보니까, 다양한 시대를 배경으로 하거나 다양한 장르와 결합된 로맨스를 출간하기도 했다.*

　여기서 흥미로운 점은, 한국이 '하이틴 로맨스'라는 이름을 통해 10대 후반의 여성 청소년을 타겟으로 출판을 한 것과 다르게 본래 할리퀸 로맨스의 대상 독자는 그보다 훨씬 연령층이 높았다는 것이다. 장바구니를 들고 가정용품을 사러 백화점과 슈퍼마켓을 돌아다닐 정도면, 대부분의 할리퀸 독자들은 도시에 사는 중산층 기혼 여성이었을 것이다. 독자들의 연령층이 높은 편이었기 때문에 성애의 묘사가 미성년이 읽기에는 자극적인 부분도 있었다. 그러나 한국에서는 버젓이 여성 청소년들이 읽었던 잡지들에 거의 매달 광고가 실리곤 했다.**

*　corporate.harlequin.com

**　가장 오래된 하이틴 로맨스 시리즈 광고에서도 확인할 수 있듯이 예상 독자는 10대 여성이었다. "새 시대, 하이틴의 신선한 감성을 위한 사랑법 / 영국의 정예 여류 작가들에 의해 전작(全作)으로 기획 출판된 전 세계 여성을 위한 러브 스토리! 사랑을 꿈꾸는 틴에이저부터 첫사랑을 경험하는 모든 여성의 심경을 사로잡을 매혹적인 소설들!"《동아일보》1980.1.9. 5면 광고 문구. "《여고시대》,《여학생》등 10대 여성들이 즐겨 읽었던 잡지에도 하이틴 로맨스 광고가 실렸다. "세계의 전 여성을 매혹시킨 사랑과 감동의 새 명작소설 / 세계의 베스트셀러 하이틴 로맨스. 영국의 정예 여류 작가들에

1980년대 초, 문고본 로맨스는 여성 청소년들 사이에서 큰 인기를 끌었다. 1980년대 초중순부터 1990년대 초까지 삼중당의 '하이틴 로맨스'뿐만 아니라, 여러 개의 출판사에서 해적판 할리퀸 소설들이 다양한 이름으로 출판되어 독자들의 사랑을 받았다.* 가장 일찍 로맨스 문고 시리즈를 낸 삼중당은 1987년에 100만 부 발간을 기념하여 사은 행사를 열기도 했다. 할리퀸의 해적판이 아닌 정식 출간은 1986년에야 이루어졌다. IPS 출판사가 판권을 사들여 출판하였고, 1992년부터는 신영미디어라는 출판사로 독립해 지금까지 작품을 출간하고 있다.

할리퀸은 '낭만적 사랑의 성취'를 그대로 보여주는 클래식한 구조를 가지고 있다. 시간적인 낙차 때문에 요즘의 시각에서 볼 때는 조금 고지식한 부분도 존재한다. 할리퀸의 주인공은 매력적인 젊은 여성으로 등장한다. 몸매도 빼어나고, 청순가련형 아름다운 미소녀가 대부분 소설의 주인공으로 그려

의해 전작으로 기획 출판된 전 세계 여성을 위한 감동의 러브 스토리! 현재 미(美), 독(獨), 불(佛), 일본 등 20개국에서 번역되어 2억만 부를 돌파한 경이의 시리즈!" 《여고시대》1980년 11월부터 1981년 초까지 전면 광고지면에서 확인할 수 있는 문구. "꿈을 먹고 사는 Highteen들/ 사랑은 뜨겁고 고통스럽고, 그리고 아름다운…/ 20여 개 국어로 번역되어 1억 5000만 부를 기록" 《여학생》1984년 1월 광고 지면 문구.

* 문화생활사의 〈실루엣 로맨스〉, 〈에머랄드 북〉, 창인사 〈팅커벨 로맨스〉, 문화광장 〈투유북스〉 등이 출간되었다. 삼중당 문고는 80년대 중반부터 〈아메리칸 로맨스〉, 〈하이틴 이미지〉 등의 새로운 로맨스 문고본 시리즈를 펴냈다.

진다. 자신의 일을 가지고 있는 커리어 우먼인 경우도 있지만, 기본적으로 가정과 관련된 일에 대해 해박하다. 예를 들면, 요리를 잘하거나 아이를 좋아하는 성격을 가지는 식으로 말이다. 이른바 사회에서 요구하는 여성성을 모두 답습하고 있는 인물로, 감정이 풍부하고 모성애를 가지고 있으며 보호본능을 자극할 정도로 유약한 면모를 기본적으로 가지고 있다. 여성의 사회 진출이 늘어나고 있는 시대의 작품인 만큼, 현대 여성이 바라는 여성 자신의 모습을 투영한 면도 있지만 사회적 지위는 남자주인공보다 낮은 것으로 설정되어 있다.

한편, 남자주인공은 키도 크고 몸은 운동으로 단련되어 정말 '남자다운' 것처럼 그려진다. 그리고 사회적 능력이 출중한 것으로 등장한다. 이를테면 어릴 때 가난하게 자랐음에도 불굴의 의지로 사업을 지속해 CEO가 되었거나, 태생부터가 셰이크sheikh 아랍 국가의 왕자면서 나라의 개발과 성장을 훌륭하게 이끈 것으로 나타난다. 사회에서 요구하는 남성성이 이성적이고 용기 있으며, 객관적이고, 독립적이며, 자기주장이 강하고, 폭력적인 것이라면, 이 모든 조건이 남주인공에 들어가 있는 것이다. 게다가 남자주인공은 사랑을 믿지 않는 애정결핍자로 등장한다. 여자주인공은 그런 남자주인공에게 사랑을 가르칠 수 있는 유일한 인물이다. 사랑과 같은 사적 영역의 수호자는 바로 여성이기 때문이다. 남성은 여성으로부터 교화되어 진정한 사랑의 의미를 깨닫게 된다. 그리하여 두 사람의 관계는 낭만적 사랑을 이루는 해피엔딩으로 끝이 난다. 이처럼 할리퀸의 남녀 주인공은 사회가 요구하는 남성성과 여성성의 요구에 완벽하게 들어맞는 인물들이라고 정리할 수 있다. 이때 우리는 여성성에 의해 길들여지는 남성성을 확인할 수 있다. 할리퀸에서 사랑은 거친 남성을 길들일 수 있는 유일한 무기로 등장하고, 여성들은 여기에서 만족감을 느끼는 것이다.

할리퀸 소설 속 주인공들은 대부분 미·서구 도시 지역에서 살고 있는 젊은 백인 여성이다. 연애 경험이 많지 않거나 연애를 했더라도 미미한 경험에 지나지 않았던 이들은, 남성성을 대표하는 남주인공에게 사로잡힌다. 할리퀸의 작가들 역시 미·서구 도시 지역의 백인 여성이 다수이고, (전 세계로 진출하기 전) 독자들도 캐나다, 미국, 영국 등에서 살고 있는 백인 여성들이었다. 이들이 가지고 있는 남성 판타지는 자신과 비슷한 나라와 문명·인종을 넘어 '이국적이고 야만적인' 것으로 나아간다. 할리퀸 속 남자주인공들은 같은 도시지역에서 만날 수 있는 현대적인 인물이기도 하지만, 도시에서 떨어진 전원에서 목장을 운영하는 사업가이거나, 한창 개발 중인 아랍 국가의 왕자, 혹은 이국적인 지중해 출신의 능력자로 등장한다. 이런 특징에서도 확인할 수 있듯이 로맨스는 말 그대로 여성들의 판타지다. 현실에서 그만큼 능력 있는 남자도 보기 힘든데, 하물며 다른 지역·나라·문명권에 사는 남자라니! 비현실적이지만 그만큼 여성들의 판타지를 충족시키는 데에는 아주 적합한 설정이었을 것이다.

그렇다면 한국의 독자들은 어땠을까? 사실 우리나라에서도 무수히 많은 사랑 이야기가 존재하긴 했다. 1980년대 《학생중앙》이나 《여학생》, 《하이틴》 등 10대 중후반 (주로 여성) 대상의 잡지를 살펴보면 10대들의 '사랑 체험 수기' 소설이나 청춘 연애소설 광고들을 더러 살펴볼 수 있다. 그러나 10대의 연애는 결코 이루어질 수 없는 것으로 여겨졌다. 학생의 본분을 의식해야만 했던 미성년자들의 사랑은 지난날의 추억으로만 남겨두어야 하는, 사회에서 받아들여지지 않는 짧은 일탈로 여겨졌을 뿐이다. 반면 할리퀸의 이야기는 빈틈없는 사랑의 완성을 보여준다. 게다가 성애의 표현도 꽤 거침없이 묘사 되었다. 이러한 파격성은 할리퀸이 성인 외국인만 등장하는 소설이었기 때문에 가능했을 것이다. 결국 할리퀸이 원래 유통되었던 미·서구와 다르게, 한국이라는 지역·시대·문화적 특수성 그리고 독자의 차이로 인해 할리퀸 로맨스는 전혀 다른 판타지를 생성해냈다. 1980년대 한국에서 할리퀸은 10대, 그것도 여성 청소년들의 성과 사랑에 대한 호기심과 욕망을 채워주었을 것이다. 그리고 상대 남성과의 낭만적인 교유, 아니 좀 더 정확히 말하자면 사랑에 대해 일자무식인 남자에게 제대로 사랑을 가르치는 식의 교화의 과정이 필요하다는 사실을 제시했다. 이때 미·서구의 백인 여성들과 다르게 상대적으로 두 남녀주인공의 인종의 차이는 크게 인식하지 못했을 테고, 두 주인공의 성격—남성적인 남자, 여성적인 여자—에 집중해 받아들였을 가능성이 높다.

한국 로맨스의 등장과 매체에 따른 변화

1990년대는 문화 융성이 정부 정책의 모토가 되었던 시기다. 그만큼 한국 문화의 발전에 대한 관심도 무척 높아졌다. 미국의 대중문화는 물론 일본의 대중문화까지 범람하던 상황에서 한국의 대중문화계는 바짝 긴장하며 '우리의 것'을 내세우기 시작했다. 문화 전반에 일어난 이런 움직임은 장르소설 내에서도 일어난 것으로 보인다. 할리퀸을 정식 출판하던 신영미디어에서 1996년 1회 로맨스 공모전을 개최, 가작으로 수상한 박윤후 작가를 시작으로 '한국 로맨스 작가'가 공식적으로 등장하게 된 것이다. 신영미디어의 로맨스 공모전은 매해

1회씩, 1996년부터 2003년까지 총 8번 열렸다.

시간적 흐름으로 미루어볼 때, 1980년대에 10대 후반이었던 독자들이 성장해 한국의 정서에 알맞은 로맨스를 썼다는 사실을 알 수 있다. 제2회 로맨스 공모전에 당선된 고영희 작가의 이력에 대해 편집부는 이렇게 설명하고 있다. "주부인 고영희씨는 열렬한 할리퀸 독자였다고 합니다. 할리퀸에 대한 애정이 결국 직접 펜을 들게 하여 창작의 길로 이끌었다고 합니다."* 작가 역시 이렇게 말을 남기고 있다. "처음 글을 쓰고자 키보드 앞에 앉았을 때는 16세 사춘기적 마음으로 돌아가, 내 안에서 가슴 설레는 사랑의 꿈을 키워보리라는 의도에서였습니다."** 편집자의 말, 그리고 작가 본인의 말처럼 1세대 로맨스 작가들은 할리퀸 로맨스를 읽었던 경험을 바탕으로 작품을 써내려갔다.

신영미디어가 어떤 작품을 원했는지 로맨스 공모전의 응모 요강을 통해 확인할 수 있다. 응모 요강의 내용은 꽤 간단하다. '우리나라 문화와 정서에 맞는 로맨스' 자격도 고교 재학 이상, A4용지 80매 정도의 조건밖에 없었다. 예컨대 로맨스 공모전의 수상작들은 할리퀸의 감성과 작품의 스타일을 참고하

---

* 　고영희, 『내 사랑 컴맨』, 신영미디어, 1997, 3면.

** 　고영희, 위의 글, 2면.

되, 한국인이면 누구나 공감할 수 있는 로맨스 작품이라고 할 수 있다. 2회 수상작 「내 사랑 컴맨」은 PC통신으로 만난 남자와의 로맨스를 그리고 있는데, 이는 같은 해에 개봉한 영화 〈접속〉과 소재가 동일하다. 4회 당선작 「부여별곡」과 같이 사극 로맨스라든가, 8회 당선작인 「로맨스 흥부뎐」처럼 한국 옛이야기를 토대로 한 로맨스가 등장하기도 했다. 신영미디어의 공모전 이후, 현대문화센터, 영언문화사 등의 출판사에서 국내 로맨스 작가들의 작품을 펴내기 시작했다.

이처럼 할리퀸의 감성을 한국식으로 바꾼 것이 바로 한국의 1세대 로맨스의 특징이다. 1세대 로맨스 속에서 독자 대부분이 감정을 이입하여 바라볼 여성 주인공은 사회생활을 활발하게 하고 있는 젊은 한국 여성이다. 할리퀸의 여주인공이 그러했던 것처럼, 1세대 로맨스 속의 여성주인공들은 가부장제 질서에 반발하는 성격을 보이면서도 사회적으로 물의를 일으킬 만큼 저항적인 인물은 아니다. 이들은 남자주인공과의 사랑을 통해 상대방으로 등장하는 남성주인공뿐만 아니라 기울어진 운동장인 사회와도 화해를 도모하고자 했다.

로맨스의 성장은 인터넷의 성장과 함께했다. 할리퀸을 읽어왔던 1세대가 공모전을 통하거나 종이책 출판으로 문학 활동을 전개하고, 그들이 주축이 되었던 PC통신 커뮤니티에서 인터넷으로 소설을 연재하여 이 작품들 역시 종이책으로 출간하던 것이 2000년대 초였다. 인터넷의 보급은 장르 로맨스의 성장에 매우 중요한 역할을 했다. 우선 1세대 작가들은 직접 독자들과 대화하고 만나며 작품을 연재할 수 있었다. 로맨스 소설 PC통신 커뮤니티들이 등장했고, 이들은 정식 모임을 개최하여 온·오프라인에서 활발한 활동을 지속해나갔다.

흥미로운 점은, 동시대에 10대 후반 아마추어 작가들이 직접 자신의 소설을 올릴 수 있는 공간이 존재했다는 것이다. 다음 카페 등을 통해 소설 전문 커뮤니티가 등장하면서 너도나도 소설을 게재하고 손쉽게 다른 사람의 글을 감상할 수 있게 된 것이다. 그렇게 해서 탄생한 작가가 '귀여니'다. 고등학생이 올린 소설, 그것도 온갖 이모티콘이 난무하는 10대들의 진지한 사랑 이야기가 종이책으로 출간되고 영화화되어 소위 '대박'을 터트리게 된 것이다. 이모티콘의 과다 사용, 묘사 대신 대화로만 거의 이루어진 작품 『늑대의 유혹』을 두고 "한글 파괴", "이것이 과연 소설인가"라는 물음과 우려가 난무했다. 그런 물음 대부분은 이질적인 10대 문화에 적응하지 못한 기성세대와 학계, 언론에서 나왔다.

귀여니의 돌풍은 서브컬쳐계뿐만 아니라 한국 문학 전체를 뒤흔드는 엄청난 파급력을 보여주었다. 대중문학과 장르문학에 대한 새로운 논의를 이끌어냈고 문학의 정의에 대해 새로이 환기할 수 있는 계기가 되었다. 그럼에도 귀여니와 인터넷 소설에 대한 부정적인 인식은 사라지지 않았다. 문학의 예술성, 진지함, 숭고함이 마치 진리인 양 생각하는 것은 여전했다. 그리고 정반대 가장 끝에 귀여니를 위치해놓고는 귀여니와 그의 작품에 대해서는 '논란거리', '골칫덩어리' 취급할 뿐이었다. 한때 귀여니 작품의 열렬한 팬이었던 나로서는 씁쓸한 기분만 든다.

어쨌든 귀여니의 『늑대의 유혹』 덕분에 인터넷 소설 특히 로맨스 시장은 크게 활성화되었다. 『늑대의 유혹』이 연재된 2002년부터 영화화되어 개봉된 2004년 전후로 10대 후반 여성을 겨냥한 로맨스가 다수 출간되었다. 『늑대의 유혹』과 같이 고등학생들의 연애, 일진으로 등장하는 남자주인공과 순진한 여자주인공의 로맨스를 'N세대 로맨스'라는 이름으로 출간하는 한편, 1세대 로맨스 작가들이 시도했던 현대 로맨스, 혹은 사극 로맨스의 출판 역시 활발해졌다. 덕분에 판타지, 무협을 출간하던 출판사들이나 장르문학에 관심이 많은 출판사들이 로맨스 시장에 뛰어들면서 로맨스 출판업계가 크게 성장했다.

10대의 사랑 이야기인 『늑대의 유혹』은 작가와 독자의 세대가 거의 일치한다. 80년대 할리퀸 시리즈나 기타 10대의 사랑 이야기들의 생산자는 10대가 아니었다. 종이책만 존재하던 시대에는 아마추어가 글을 써서 책을 내기까지 진입장벽이 꽤 있는 편이었다. 그러나 2000년대부터는 독자보다 높은 나이대, 즉 선배 작가들의 작품을 읽고 성장해서 작품을 쓰는 시대가 아니다. 먼저 책을 낸 작가들의 작품을 읽고 곧바로 내가 쓰고 싶은 소설을 어디서나 쉽게 올릴 수 있는 시대가 된 것이다. 2000년대 중반 이후, 소설 전문 인터넷 커뮤니티 카페와 홈페이지가 더욱 활성화되면서 다른 조건은 무엇이든 상관없이, 소설의 독자 조회수, 추천수가 높거나 출판사의 눈에 잘 띄기만 하면 소설가로 데뷔해 자신의 책을 낼 수 있게 되었다.

이런 현상은 비단 로맨스 안에서만 일어난 것이 아니다. 무협, 판타지와 같은 다른 장르소설 역시 인터넷 공간에서 많은 교류가 일어났고 실제로 작가들 다수의 등용문이 되었다. 2000년대 중후반, 귀여니와 인터넷 소설을 읽었던 10대 후반-20대 초반 독자들은 물론 네트워크 환경에 익숙한 어린 10대 독자들은 인터넷을 통해 장르문학의 지평을 넓혀갔다. 그보다 로맨스를 더 오랜 시간 즐겼던 할리퀸 세대나 1세대 로맨스 세대 독자들은 여전히 종이책을 고수하면서도, 새로운 환경에 조금씩 적응해나갔다. 이처럼 웹 공간은 장르문학의 발전과 전개에서 매우 중요한 역할을 했다.

이제는 컴퓨터가 아닌 모바일로 소설을 보는 시대다. 전자책 시장이 열리고, 모바일로 간편하게 소설을 열람할 수 있게 되면서 웹소설 시대가 도래했다. '웹소설'이라는 말은 2013년 네이버가 플랫폼을 론칭하면서 본격적으로 사용하기 시작한 용어다. 점점 종이책 시장이 죽어가고, 대다수 장르문학 작품들은 무료연재나 유료연재의 형태로 인터넷 플랫폼에 게시가 된 뒤 이북·종이책으로 출간을 하는 시스템으로 바뀌었다. 웹소설 시대로 바뀌면서 로맨스가 작품 내적으로 가장 크게 달라진 것이 무엇일까? 나는 작품 내에 존재하는 갈등이 거의 존재하지 않는 것이라고 서슴없이 대답할 수 있다. 즉, '고구마'가 거의 사라졌다는 것이다.

소설에서 갈등, '고구마'는 사실 매우 중요한 요소다. 이야기를 이끌어내는 가장 중요한 장치가 바로 이것이다. 갈등이 없으면 이야기가 없다. 주인공은 필연적으로 갈등을 만나게 되고 그 갈등을 해소해나가면서 변화한다. 독자는 갈등에 대한 주인공의 변화를 보기 위해 소설을 읽는다. 그런데 이 갈등이 요즘 독자들에게는 그저 고구마처럼 답답하게 느껴질 뿐이다. 흔히들 웹소설은 대표적인 스낵컬처 콘텐츠라 일컫는다. 짧은 시간 동안 간편하게 즐길 수 있는 만큼, 특히 한 회차의 소설을 일일이 결제하여 읽는 시스템이 정착된 만큼, 한 편의 글에서 갈등의 텁텁함만을 보고 싶지 않은 것이다. 독자들은 조금만 갈등의 양상이 길어지거나 깊어져도 "사이다!"를 외치며 댓글을 단다. 더러는 소설의 다음 편을 읽지 않고 하차해버린다. 다음 회차의 소설이 소비되지 않으면 이것은 작가에게 큰 영향을 끼친다. 결국 작가는 애초부터 고구마 구간은 적당한 때에 빠르게 해소해버리게 된다. 이것은 웹소설로 소비되는 거의 모든 장르에 통용되는 공식이다.

로맨스에서 고구마는 남녀의 사랑 진전에 방해가 되는 모든 것에 해당된다. 이를테면 경제적 격차로 인해 남자주인공들의 가족들이 여자주인공의 사랑에 의심을 품고 돈 봉투를 던지던 장면들이 예전에는 통했을지 몰라도 지금은 전혀 통하지 않는다. 이런 외부적 요소는 물론 내부적 요소까지 점차 갈등이 축소되고 있었다. 즉, 남자주인공과 여자주인공의 마음 확인 과정에서도 고구마가 없다는 것이다. 과거의 로맨스는 여자주인공이 사랑을 모르는 남자주인공을 교화시키곤 했다. 그런 과정이 점점 희미해지다가, 웹소설 시대를 맞이하여 그 속도가 급격하게 빨라지고 있다. 이제는 아예 남자주인공이 먼저 여자주인공에게 사랑 공세를 퍼붓기까지 한다.

내적 갈등이 희미해진 것은 웹소설이라는 매체 변화뿐만 아니라 사회적으로 젠더 감수성의 변화, 여성혐오에 대한 인식의 변화에 따른 것이라 진단을 내릴 수도 있다. 독자들은 이제 소설 속 등장인물들의 가부장적인 태도를 세심하게 판별할 수 있게 되었고, 더 이상 혐오를 참고 견뎌야 한다고 생각하지 않는다. 예전처럼 남자주인공을 교화하는 과정을 기다리는 시대도 아닌 것이다. 대신 웹소설 시대의 로맨스의 독자들은 낭만적 사랑의 가장 이상적인 부분만을 기계적으로 즐긴다. 독자들은 사랑의 전복성을 계속해서 확인하거나, 다양한 성애의 욕망을 충족시키는 것을 반복한다.

장르의 젠더화 현상과 '로맨스=여성(향)'이라는 공식

서브컬처 내에서 성별에 따른 취향을 이야기할 때 가장 많이 듣는 소리가 있다. 바로, "나는 여자지만 남자들이 보는 판타지, 무협도 다 봤다!" "로맨스를 읽는 남자 독자가 늘고 있다!"와 같은 말들이다. 글의 서두에서도 밝혔지만, 나도 한때는 남자들이 많이 읽는다는 판타지의 열렬한 독자였다. 그리고 간혹 대형서점을 구경하다 보면 로맨스 섹션 앞에서 3초간 망설이는 태도로 책 목록을 훑고 지나가는 남성들을 여러 차례 목격할 수 있다. 성별에 따른 장르 구분이 무색한 사례들이다.

사실 '여성향', '남성향'이라는 말보다 이런 사례들이 훨씬 더 많을 것이다.

그런데도 독자들에게 로맨스는 여전히 여성향, 타 장르는 남성향이라는 인식이 대부분이다. 장르를 젠더별 취향의 문제로 이해하는 과정에서 생겨난 것이 바로 '로맨스판타지', 줄여서 '로판'이라는 장르다. 단어에서도 짐작할 수 있듯이 로맨스판타지는 로맨스와 판타지라는 두 개의 장르와 관련이 매우 깊다. 보다 정확하게 설명하자면, 로맨스판타지의 뿌리는 판타지로부터 시작하지만 로맨스의 관습을 적극적으로 사용하고 있는 장르라고 할 수 있다.

로맨스가 여성향이라는 말에 사람들은 으레 고개를 끄덕일 테지만, 판타지가 남성향이냐는 질문에는 쉬이 답하기 어려울지도 모르겠다. 그러나 지금의 판타지는 대개 남성향으로 여겨진다. 그럼 판타지를 읽던 여성 독자들은 모두 어디로 갔을까? 사실상 판타지의 여성 독자들은 갈피를 잃었다고 해도 과언이 아닐 것이다. 한창 웹상에서 장르문학이 활발하게 생산될 무렵, 판타지를 쓰는 작가들의 성향에 따라 독자들은 조금씩 젠더적 감수성에 차이를 발견했고 그것을 꼬투리 잡는 경향이 있었다. 남성 독자들은 여성 작가들과 독자들의 '남성적이지 못한' 서사 전개와 묘사와 그를 지지하는 현상에 조롱을 했다. 이를테면 여성 독자들이 선호하던 로맨스 장면이나, 여주인공이 등장하는 소설에 반발을 한 것이다.* 반면 여성 독자들은 사회적으로 젠더 감수성 문제가 중요해지면서, 작품 안에 등장하는 마초적인 요소들에 분개하고 여성 인물을 대상화하는 작품들을 외면하기 시작했다.

이렇게 판타지 내에서 일어난 독자의 젠더적 분화 현상은 장르의 분화를 낳았다. 여성들이 창작한 판타지는 '로맨스판타지'라는 이름으로 카테고리화되어 독립된 장르로 여겨지게 되었다. 이것이 바로 2010년대에 이루어진 일이다. '로맨스'와 '판타지'의 조어 덕분에 로맨스판타지 장르 내에서 발견할 수 있는 작품군은 매우 다양하다. 여주인공이 중심인 (주로 여성 작가가 쓴) 판타지나, 판타지적 배경에서 이루어지는 로맨스 작품들 모두 로맨스판타지라는 장르에 포함된다. 이 중에서도 단연 강세는 판타지적 배경의 로맨스 작품들이다. 이는 비교적 젊은 로맨스 독자들이 로맨스라는 이름을 보고 대거 유입된 결과라고 할 수 있다. 게다가 최근에는 현대 로맨스나 사

---

*   최근 '뉴미디어 비평스쿨 3기' 프로그램을 통해 판타지 시장의 흐름과 의미를 되짚어봤던 이도경 작가의 경우, 여성 작가의 판타지에 등장하는 BL 요소로 인해 남성 독자들의 여성 작가 기피 현상이 일어났다고 설명하고 있다. 실제 강연 유튜브 영상(www.youtube.com/watch?v=VAD6OB7JWak&t=2s)과 작가의 블로그(m.blog.naver.com/arkleode/221444757891)에서 확인할 수 있다.

극 로맨스를 주로 향유하던 30~40대 이상의 로맨스 독자들까지 유입되고 있는 추세다. 덕분에 여성향 판타지를 바라는 독자들은 불만이 일어날 수밖에 없다. 여주인공을 '원탑'으로 내세운 판타지 소설의 댓글에 독자들이 "장르가 로판인데 왜 로맨스가 없나요!"라는 말을 외치니 마음이 불편할 수밖에 없는 것이다.

사실 로판 장르가 탄생하게 된 사건 이면에는 '로맨스=여성(향)'이라는 등식이 숨겨져 있다. 다른 장르에 로맨스가 들어가면 여성(향)과 관련한 것으로 이해하는 것이다. 마치 "여성은 사랑 없이 존재할 수 없다"고 믿는 것처럼 로맨스와 여성의 관계를 완전히 오해하고 있다. 그래서 여성과 남성 할 것 없이 로맨스를 읽지 않는 독자들은 타 장르에 로맨스가 침범하는 것을 달가워하지 않는다. 한 장르가 다른 장르의 요소를 흡수해 이야기를 풍요롭게 만드는 일은 비일비재하다. 그렇게 해서 '퓨전' 장르가 등장하기도 하건만, 로맨스가 타 장르와 결합되는 현상에는 왜 그리 불편함을 표현하는 것인가. 로맨스라는 장르의 관습이 너무 '여성 취향'에 부합하는 것이라서? 글쎄. 나는 이것이 어떤 문제를 불러일으킨다고는 생각하지 않는다.

그리고 솔직히 그동안 장르문학계 안에서 생산하고 소비하는 과정에서 여성이 참여하는 것에 문제가 되지 않았던 장르는 로맨스 딱 하나뿐이었다. 판타지를 쓰거나 읽는 여성, 무협을 쓰거나 읽는 여성……. 이들에게 "여자가 이런 것도 봐?"라든가 "역시 여성 작가다운 섬세한 필체!" 운운하는 것처럼, 여성들이 읽고 쓰는 행위에는 언제나 삐딱한 시선이 있어왔다. 비단 장르문학 안에서만 그렇겠나. 문단문학도 마찬가지다. 괜히 '여류', '여풍'이라는 말이 있는 것이 아니다. 문학이 헤테로 남성을 기본으로 상정하고 창작되고 읽혔다면, 사랑 이야기-로맨스만큼은 여성의 것이라는 분명한 경계선이 있었다.

이런 예외의 공간 아래에서 아이러니하게도 외부자의 시선에 대한 스트레스 없이 여성들이 공감하고 즐길 수 있는 이야기가 발전할 수 있었다. 마치 순정만화 안에 SF와 판타지 등의 온갖 장르가 존재하는 것처럼* 로맨스 역시 그 이름 아래에서 여러 장르를 소화할 수 있었다. 로맨스는 여성들의 창작과 콘텐츠 소비를 아무런 제약 없이 즐길 수 있는 최소한의 조건을 마련해주는 것이다. 따라서 우리는 '로맨스=여성(향)'

---

* 1980년대부터 한국 만화 르네상스를 열었던 김진, 김혜린, 황미나, 신일숙, 강경옥 등을 떠올려본다면 이해하기 쉬울 것이다. 순정만화가로 분류되는 위 작가들의 대표작들-가령, 『바람의 나라』(김진), 『비천무』와 『불의 검』(김혜린), 『레드문』(황미나), 『아르미안의 네 딸들』(신일숙), 『별빛 속에』(강경옥)와 같은 작품들은 SF, 판타지, 역사·시대물 등의 장르를 능숙하게 이용하는 작품들이다.

이라는 공식을 다시 이해하여 받아들여야 한다. 비유하자면 로맨스는 여성의 놀이터다. 로맨스의 독자들은 그 안의 콘텐츠를 주체적으로 즐기고 그 놀이를 바깥으로 끌고 나가 새로운 놀이터를 자기화한다. 지금껏 로맨스를 즐기는 여성들을 놀이터에 갇힌 아이로 해석했다면, 이제는 그 놀이감을 가지고 세상을 자기 것으로 바꾸는 존재로 보아야 할 것이다.

로맨스, 욕망을 포용하다

지금까지 로맨스의 의미와 역사적으로 한국에서 로맨스가 어떻게 성장했는지, 그때마다 여성들의 사랑 이야기가 어떻게 변해왔는지 확인해보았다. 기본적으로 로맨스는 여성과 남성 간의 낭만적인 사랑 이야기를 중심으로 하되, 그 과정을 여성에게 유리한 방식으로 풀어나간다. 로맨스는 여성과 남성사이라는 복잡한 관계를 직접적으로 그려내면서, 잠재적으로 사랑이 가진 전복성을 구현해나가는 장르라고 할 수 있다.

현재의 로맨스가 그려내는 여성의 모습은 매우 광범하다. 할리퀸 스타일의 클래식한 로맨스를 좋아하는 독자도 있고, 공적 영역과 사적 영역 모두를 시원하게 정복하는 여성의 모습을 보고 싶어 하는 독자도 있다. 로맨스는 이 모든 욕망을 수용하고 있는 무궁무진한 장르다. 사랑이 존재하는 한 로맨스의 역사는 계속될 것이다. 이제 로맨스를 어떻게 바라보고 향유할지는 로맨스 독자들의 손에 달려 있다.

참고문헌

고영희, 『내 사랑 컴맨』, 신영미디어, 1997.

앤서니 기든스, 배은경 황정미 역, 『현대사회의 성 사랑 에로티시즘』, 새물결, 2001.

조영주, 『한국 순정만화 작가사전』, 파사주, 2018.

허윤, 「로맨스 대신 페미니즘을!」, 『문학과 사회』, 31권 2호, 2018, 38-55면.

허윤, 「광장의 페미니즘과 한국문학의 정치성」, 『한국근대문학연구』, 19권 2호, 2018, 123-151면.

홍신실 손윤미, 「할리퀸 소설의 만화화와 오리엔탈리즘 젠더 담론의 재구성」, 『영어영문학』 17권 3호, 2012, 103-129면.

할리퀸 공식 사이트(corporate.harlequin.com)